万円の〝不労所得〟をもらう

億リーマンが教える「爆配当」株投資

サラリーマン兼業投資家
なのなの

KADOKAWA

皆さま、はじめまして！〝なのなの〟です
会社員として働きながら空いた時間で投資を行う「兼業投資家」をしています！
主な投資手法は「日本の高配当株」や「アメリカのインデックス」などへの分散投資
ポンッ！
負けない投資とは何か研究に研究を重ねたところ
あの銘柄は業績が伸びそう
こっちの銘柄も面白そう！
ひ！
ムクムク
イェーイ!!
今では年間約500万円の配当収入を得られるようになりました
基本的には過剰なリスクは取らずに手堅い投資を徹底しています
NOレバレッジ….
ポフ…

私が初めて株に興味を持ったのは中学生の時
ポンッ!
当時セガのメガドライブを持っていました
しかし、国内では任天堂のスーパーファミコンが主流で
大人気!
セガは苦戦を強いられていました
どっちもたのしいけど…
ところが、セガの株価はむしろ上がっていました
国内だけじゃわからないんだ…
数字に表れてる…
海外での販売事業が好調だったのです
個人的な印象と株価の動きが違うことに面白さを感じました
それをきっかけに「松本亭の株式必勝学」というゲームにはまり
松本亭の株式必勝学
バブル真っただ中
１９８８年２月発売
イマジニア（４６４４）
のファミコンのソフト
経済評論家松本亭先生監修!
株価が常に動いている感覚や株式用語は、このゲームで学びました!
人生イベントを経験しながら
2年で資金100万円を1億円にする
株式投資シミュレーションゲーム
お金を自由に使うことができるようになったら株式投資をしたいと思うようになりました

ポッ!
そして大学生の時
入学
わくわく
アルバイトでお金を貯め
旅館
家庭教師
せんせ
大学一回生の冬に初めて株を買いました
初めて買った銘柄は商船三井
具体的にどういった事業をしているか全く知らなかったのですが
マネー誌で紹介されていたという安易な理由で購入しました
虎ノ門の大手海運会社!
雑誌にのってるならいいのかも…
こうしてスタートした私の株ライフですが
大学時代の株式投資の成績は惨憺たるものでした
大学院時代を含め２００６年に卒業するまで
年成績でプラスになることは一度もありませんでした…
6年…
OH…
というのも、株式投資を開始した直後にＩＴバブルが崩壊したのです
携帯電話の販売代理店事業をしていたとある会社は
架空契約問題や業績の悪化もあり
高値24万１０００円から20営業日連続のストップ安を経て
８９５円まで大きく暴落しました
1999～2000年インターネット関連企業の異常な高騰からの崩壊

私が投資で利益をあげられなかった一番の理由は
株の売買に基準を持たずなんとなくの感覚で
投資に明確なルールを持っていなかったことにあります
なんとなく購入なんとなく売却
とったど
感情に流され、場当たり的に売買をしていたのです…
当時はインターネットやマネー誌で見かけ
情報は見つつも…
面白いな
買ってみよう!
取りあえず紹介されている銘柄を購入していました
買った当時は話題性や出来高があったもののすぐに旬が過ぎ
後はじりじりと下げていくだけといったこともしばしば
あれ、盛り上がってたのに…
投資に基準を持っていなかったため再現性もなく
わーい
たとえ利益が出たとしても同じような成功を続けることができない
この前は当たったのに
なんで当たったのかわからない…
ちま…
期待値がマイナスのトレードを繰り返していただけでした

今となっては
考えられないことですが
学生時代は
何をやっているのか
よくわからない
新興銘柄
や
会社として
体をなしていない
怪しい銘柄
の売買も
頻繁に行っていました
チャレンジ精神
そんな銘柄の中には、社長が不祥事で摘発された会社（M社）もありました
債務超過
不祥事
NEWS
粉飾決算
うーん
前も買ったし……
ハラハラ
なぜか当時の私は結構
気に入っており
そんな会社に
短期での売買を
繰り返していました
2004年の春休み
1週間くらい
旅行することになり
値動きの激しい銘柄を
持ってると
旅行に集中できないな
沖縄
旅行前に一旦
M社の株をすべて
手放しました
沖縄
カチ
売
そして旅行中、
M社の
上場廃止のニュースが
流れてきました
株を持ったままだったら
学生ながらに数十万円を
失うところでした…
メディア・
リンク
上場廃止
当時はまさか持株が
倒産するとは
思っていなかったため、
ハイリスクな売買を
平気でしていましたが、
それ以来、
倒産可能性のある銘柄を
買うことは
なくなりました
ドキドキ
そういうこともあるんだ…
あ…
あぶな……
海人
会社って
ホントに潰れるんだ…

その後新卒で
プライベート
エクイティ投資関連の
会社に就職
ポン!
ドキドキ
事業モデルの考え方や
時価総額に対する感覚
貸借対照表の重要性
など
多くの投資に関する
学びを
その会社から
得ることができました
そこでは
9年ほど
働きました
（今は別の
会社です）
しかし、学生時代
と同じように
投資成績は
安定せず、
悶々と
しながら
取引を続けて
いました
？　？
検証を重ね
本書で紹介する
〝あるルール〟を
徹底することが
成功のエッセンス
だとわかりました
すると過去10年間の
資産平均増加率は
19％と成績が安定
会社員でありながら
1年で資産が
2328万円
増えた年もありました
カポ
本書では、そんな紆余曲折を
経て成功に至った
「爆配当」株投資
について解説します!
再現性には
自信あり!
最後まで付いてきて
くださいね!
投資スタイルの確立!!

はじめに

「若い時の自分は、金こそ人生で最も大切なものだと思った。
今、歳をとってみると、その通りだと知った」（オスカー・ワイルド）

２０２３年5月19日、日経平均株価は３万８０８円で取引を終了し、終値ベースで33年ぶりにバブル経済崩壊後の高値を更新しました。日本経済は、長い間暗いトンネルに入り込んだような状況が続いていましたが、ようやくそこから抜け出す兆しが見えてきました。

しかし、33年ぶりの高値更新にもかかわらず、世間には狂瀾怒濤に浮かれたバブル時代のような熱狂は漂っていません。

「あのときに比べれば、数値的には上がっているが、コロナ禍も含めて世の中の閉塞感、物価高に追いつかない賃金体系で、実態が伴っていないなあ」

「株価連動やストックオプションで報酬の上がる役員以外の社員の給料がこの株高に追いついていない」

「私は10年間1円の昇給もなく最近は物価も上昇し生活が苦しくなっている」
「株価だけ上がっても投資家が儲かるだけで、日本の経済成長に貢献するわけではない」

右記は、日経平均株価高値更新に関して100件以上の「いいね」を獲得したYahoo!ニュースコメントからの引用です。33年ぶりに日経平均株価が高値を更新したにもかかわらず、世間の多くの人はこの株高に恩恵を感じていません。

このギャップはどこから生じているのでしょうか。

ここで、図0-1をご覧ください。

図0-1は、企業が従業員に支払った給与総額（人件費）と、株主に支払った配当金総額（配当金）の推移を並べて示したグラフです。（「法人企業統計調査」（財務省）から著者作成。数値は1960年を1としたときの相対値）。

このグラフを見ると、人件費はバブルが崩壊した1991年以降、横ばいの状態が続いていることがわかります。

これは、バブル崩壊後、長きにわたる日本経済の低迷により、企業が従業員の給与抑制などの経費削減を余儀なくされていたことに起因します。数字には表れていませんが、保養施設や

図0-1　人件費と配当金の関係　「法人企業統計調査」より

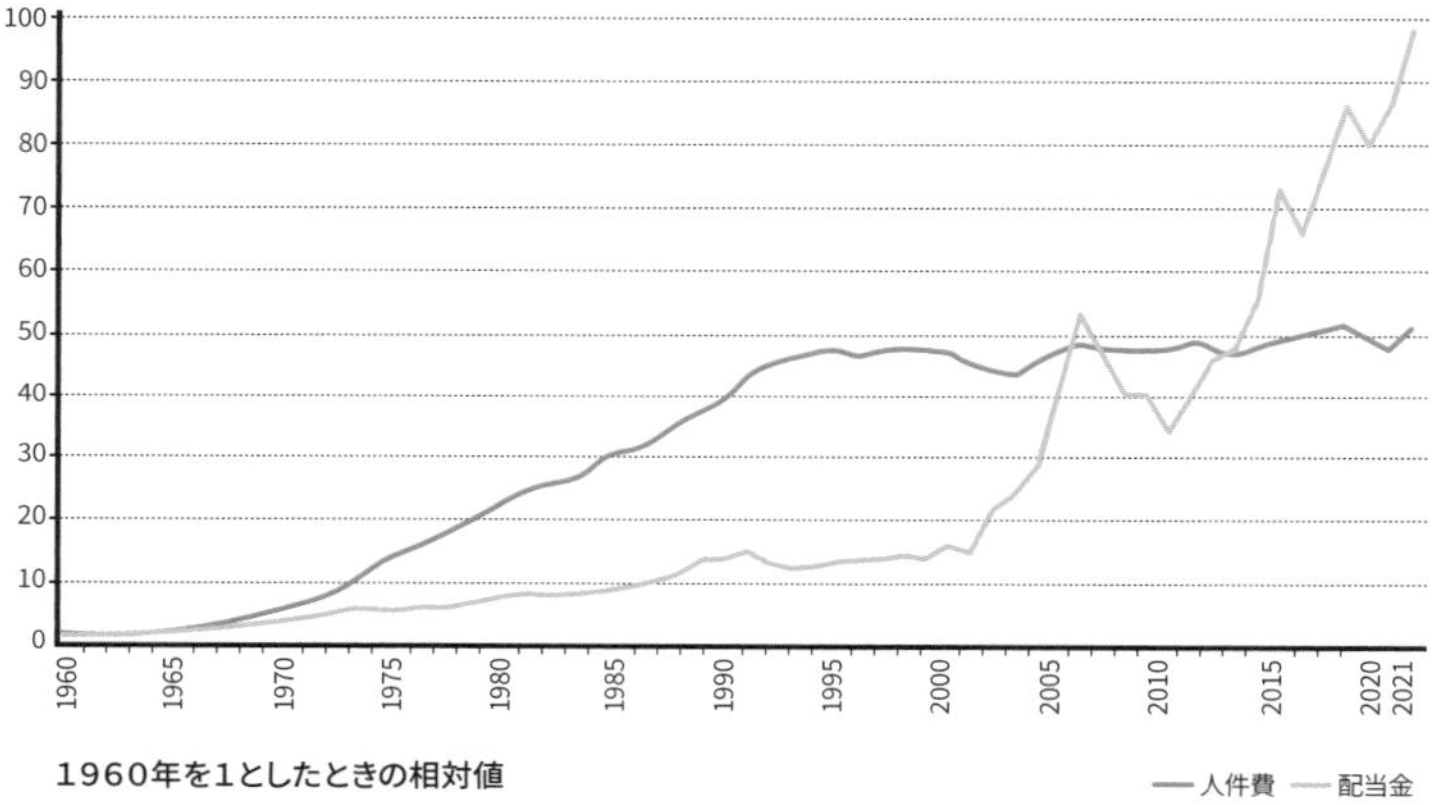

住宅施設などを手放す企業が増えるなど、この期間、企業の福利厚生も大幅に削減されました。

一方で、２０２１年の配当総額は２００１年の６・６倍となっているなど、株主への支払い配当金は２０００年以降、急激に増加しています。

これは、持ち合い株解消により増加した外国人投資家による圧力や、日本版スチュワードシップ・コード[1]やコーポレート・ガバナンス・コード[2]の制定などから、企業が株主を意識した政策を積極的に取るようになったためと考えられます。

外国人投資家は、１９９０年代以降、特にその存在感を増していき、余剰資産の売却をはじめとした企業の合理化や株主還元の強化を求めてきました。

政府は外国人投資家を積極的に呼び込む姿勢を示しており、欧米企業的な株主重視の姿勢は、今後も変わることはないだろうと予測されます。

このような状況について、あなたはどのように感じますでしょうか？

「企業は外国人投資家にばかり尻尾を振っていてけしからん！」「企業は従業員を大事にするべきだ！」「もっと給料を上げろ！」と企業に訴えかけるのがよいでしょうか？

確かに、２０２３年度は85％の企業が賃上げを実施し[3]、また、春闘での賃上げ率は30年ぶりの高い伸び率（３・58％）を示すなど、２０２３年に入ってから賃上げの動きが見られていることも事実です（「２０２３年度『賃上げに関するアンケート』調査」東京商工リサーチ、

1）日本の上場株式に投資する国内外の機関投資家が「責任ある機関投資家」であるために有用と考えられる諸原則。金融庁により２０１４年２月策定。

2）上場企業が行う企業統治において、ガイドラインとして参照すべき原則・指針。東京証券取引所が原案を改正した後、２０１５年６月から適用。

3）賃上げを実施した企業のうち、賃上げ率の最多レンジは「３％以上４％未満」（28％）で、それに「５％以上６％未満」（20％）、「２％以上３％未満」（16％）が続きます。

2023年8月。「2023春季生活闘争まとめ」日本労働組合総合連合会、2023年7月)。

しかし、日本銀行の植田総裁も2023年11月、講演にて「来年も賃上げの動きが継続するかは不透明」とコメントするなど、現状この傾向が続くものであるか十分な見通しは立っていません。今後も企業への貢献度が高いなど余程の事情がない限り、会社に訴えかけたとしても、大幅に給与が増えることは難しいと考えておいた方がよいでしょう。

それよりも株式に投資して配当金を受け取る側にまわる方が、株主重視に舵を切っている最近の日本企業からはより多くの恩恵を受け取ることができるものと思われます。

個人の力量では限界のある給与・ボーナスの増加に期待するよりも、投資家・株主として年々増え続ける配当金を受け取る方が収入を増やす手段としてはより確実かつ有効なものであると言えるのです。

投資家になることは何も難しいことではありません。2023年8月時点で、ETFを含めて10万円以下で買える銘柄は1800を超えます。

最近の株高に対して、「金持ちの投資家だけが儲かって、我々一般庶民は何の恩恵もない」と主張するのは、何も動かない、何も知ろうとしない人の戯言にしか過ぎません。投資は誰にでも始めることができ、きちんと勉強すれば安定して利益を稼ぐことができるものです。

投資をしたことがないという人は、まず投資を始めてみてください。そして、少しずつでいいので、勉強を続けてみてください。必ずや、それに見合った成果を得ることができるでしょう。

本書は、主に高配当株に焦点を当てながら、株式投資に関する話を色々しています。再現性を高めるため、できる限りデータや数値に基づく記載を心がけました。

高配当株投資は、私のように普段平日に時間が取れないサラリーマンにとっても、セミリタイヤして配当生活を送ろうとしている人にも最適な投資手法であると考えます。

本書が皆さまの輝かしい投資ライフの一助になれば幸いです。

なのなの

目次

はじめに 8

第1章 資産1億円超を実現するまでの紆余曲折な投資遍歴

1 前途多難な〝株ライフ〟配当利回りに活路を見出す 20
2 2021年に資産1億円突破　受取配当額は右肩上がり 25
3 利回り3％以上の銘柄が7割の「爆配当」ポートフォリオ 27

第2章 日本株に投資する圧倒的メリット

1 配当利回り4・0％超の企業が10・5％を占める日本の株式市場 30
2 世界の株式市場で比較すると割安な日本株 38
3 投資成績を検証し、高配当が最も優秀と判断 41
4 日本株に投資する3つの理由 45

第3章 高配当投資が安定性と高パフォーマンスを両立できる秘密

1 そもそも「配当」とは何か 54
2 「高配当株」は配当利回り3・0％くらいから 56
3 高配当株が低リスクである理由 58
4 高配当株投資のパフォーマンス比較 61
5 高配当株のパフォーマンスが高い理由 68
コラム① ソース不明？ アインシュタインの眉唾な金言 71

第4章 実践！ 兼業で資産1億円超を達成した投資絶技

1 「配当利回り」「業績」「増配」高配当株の3つの買いポイント 74
2 高配当株を探し当てる2つの方法 94
3 「高配当」×「高成長」のお宝銘柄は確実に存在する 100
4 「利回り低下」「シナリオ崩れ」2つの株売りシグナル 117
5 業種別の高配当株の見極め方 121
コラム② 「iPhone」と「アイホン」の商標 132

第5章 配当政策が株価に与える影響

1 増配を株式市場はどう見る？ 配当政策における3つの説 138

第6章 「自社株買い」「株主優待」のメリットとリスク

1 自社株買い 156
2 株主優待 165

第7章 さわりだけは押さえておきたい投資教養

1 テクニカル指標に基づく売買 176
2 ＲＯＥと投資パフォーマンスのちょっと意外な関係 187
3 迷ったら業界首位を買っておけばいい理由 194
4 「ピンチ」か「チャンス」か 全体急落時の逆張り買い 200
5 設備投資の大きな企業は買い？ 206
6 バリュートラップとカタリスト投資 208
コラム③ 企業の口コミと業績・株価との関係 210

第8章
行動ファイナンス「心」が投資に与える影響を客観視せよ
1 認知的不協和が発生したら　いったん売却して認知リセット　214
2 利食いは遅く×損切りは早く　プロスペクト理論への対処法　217

第9章
資産三分法のラスボス「不動産」はREITで攻略
1 そもそもREITってなんだっけ　226
2 REITを勧める5つの理由　229
3 意外と簡単なREIT銘柄の選定　232

第10章
ようこそ！〝なのなの〟アノマリー投資研究所
1 株は5月に売却せよ？「セルインメイ」の謎にせまる　238
2 月ごとの日経平均株価上昇率　242
3 アメリカ大統領選挙狙いで投資パフォーマンス爆上がり？　246
4 丑年と午年は要注意？　干支と株式相場の相関性　250

5 月曜日は上昇率がマイナスになりやすい？……253
6 「月初は高い」「月末は安い」には理由があった……255
7 それでは「月の中旬」はどうか……257
8 「ポニョ」と「ハウル」に要注意？ 金ロー・ジブリと相場の関係……260
コラム④ ストップ高・ストップ安の配分割り当てルール……264

第11章 株式投資初心者のあなたへ

1 株は財産を守る心強い味方……270
2 初心者が株式投資を始めるには……275

おわりに……285

●本書の多くは、執筆時2023年3月～9月現在の情報を元に作成しています。本書刊行後、金融に関連する法律、制度が改正、または各社のサービス内容が変更される可能性がありますのであらかじめご了承ください。
●本書は株式投資情報の提供も行っていますが、特定の銘柄の購入を推奨するもの、またその有用性を保証するものではありません。個々の金融サービス、またはその金融商品の詳細については各金融機関にお問い合わせください。
●株式投資には一定のリスクが伴います。売買によって生まれた利益・損失について、執筆者ならびに出版社は一切責任を負いません。株式投資は必ず、ご自身の責任と判断のもとで行うようにお願い致します。

漫画・イラスト 吉村佳
装丁デザイン 菊池祐
本文デザイン 松岡羽（ハネデザイン）
校正 西岡亜希子
編集 五十嵐恭平

第1章

資産1億円超を実現するまでの紆余曲折な投資遍歴

1 前途多難な〝株ライフ〟配当利回りに活路を見出す

皆さまはじめまして、なのなのと言います。普段は兼業投資家として本業を持って働きながら、趣味として株式投資を行っています。

投資の基本スタイルは、**日本の高配当株やアメリカのインデックスを中心とした分散投資**としています。1つの銘柄に集中して資金を増やすというのではなく、あの銘柄は業績が伸びそう、こっちの銘柄も面白そうと、ある種コレクターに近い感覚で多くの銘柄に分散して投資をしています。レバレッジを効かせた信用買い[1]は行っておらず、過剰なリスクは取らないようにしています。

私が初めて株に興味を持ったのは中学生のときでした。

当時、ゲームハードとしてセガ[2]のメガドライブ[3]を持っていたのですが、国内では任天堂（7974）のスーパーファミコンが主流で、セガは苦戦を強いられていました。

しかし、セガは海外での販売が好調であったためか、新聞の証券欄を見ると株価が上がっている日も多く、個人的な印象と株価の動きが違うことに面白さを感じました。

それをきっかけに「松本亭の株式必勝学」というゲームにはまり、将来お金を自由に使うことができるようになったら株式投資をしたいなと思うようになっていきました。

ちなみに「松本亭の株式必勝学」は、バブル真っただ中の1988年2月にイマジニア（4644）から発売されたファミコンのソフトで、結婚や会社の倒産など様々な人生イベントを経験しながら100万円を1億円にしたらクリアとなるゲームでした。株価は常に動いているという感覚や、成行・指値注文といった株式用語はこのゲームから学びました。

それから大学生になり、旅館や家庭教師などのアルバイトでお金を貯め、2000年1月頃、大学一回生[4]の冬に初めて株を買いました。

初めて買った銘柄は商船三井（9104）でした。当時、商船三井が具体的にどういった事業をしているか全く知らなかったのですが、そのとき読んだマネー誌の袋綴じで紹介されてい

1）証券会社に保証金を預けることで保有資産の3・3倍まで行える買い取引のこと。
2）現在はセガサミーホールディングス（6460）の完全子会社。
3）セガ・エンタープライゼスが1988年10月に発売した16ビットの家庭用ゲーム機。
4）関東では大学の学年を一年生、二年生と数えますが、関西では一回生、二回生と数えます。私は関西の大学に通っていたので、ここでは大学一回生と表しています。

て、とりあえず雑誌でお勧めされているなら上がるだろうと思って購入しました。

このようにしてスタートした私の株ライフですが、**大学時代の株式投資の成績は惨憺たるものでした。**結局、大学院時代を含めて２００６年に卒業するまで、年成績でプラスになることは一度もありませんでした。

言い訳の一つとして、株式投資を開始した直後にＩＴバブルが崩壊したこともあります。例えば、当時携帯電話の販売代理店を全国展開していた光通信（９４３５）は、架空契約問題や業績の悪化もあり、２０００年２月の高値24万１０００円から、20営業日連続のストップ安を経て、２００２年７月には８９５円まで大きく暴落しました。

しかし、**この時期、私が投資で利益を上げられなかった一番の理由は、株の売買に基準を持たず、なんとなくの感覚で株を売り買いしていたことにある**と考えています。

当時は、インターネットの掲示板やマネー誌に書かれていて面白いなと思った銘柄をとりあえず購入するというスタイルで投資をしていました。

なんとなく購入し、なんとなく売却していたので、思いつきやそのときの感情に流された売買しかしていませんでした。

買った当時は話題性や出来高があったものの、すぐに旬が過ぎて、後はじりじりと下がっていくだけといったこともしばしばありました。

投資に基準を持っていなかったため再現性もなく、例え利益が出たとしても、同じような成功を続けることができず、期待値がマイナスのトレードを繰り返していただけでした。

また、今となっては考えられないことではあるのですが、学生時代は、何をやっているのかよくわからない新興銘柄や、会社として体をなしていない怪しい銘柄の売買も頻繁に行っていました。そのような銘柄の中に、大証ヘラクレスに上場していたメディア・リンクス[5]（2748）という会社がありました。メディア・リンクスは、債務超過であったり、社長が暴力行為で逮捕されていたり、後に粉飾していたことが発覚したりと、問題しかない会社だったのですが、なぜか当時の私は結構気に入っており、短期での売買を繰り返していました。

2004年の春休みのことですが、1週間くらい沖縄に旅行することになり、値動きの激しい銘柄を持っていたらそれが気になって旅行に集中できなくなると思い、旅行前にいったんメディア・リンクスの株をすべて手放しました。すると、ちょうどその旅行中に、メディア・リンクス上場廃止のニュースが流れてきました。

そのとき、もしメディア・リンクスの株を持ったまま旅行に出かけていたら、学生ながらに約30万円がなくなってしまうところでした（同株が代用有価証券から外れたため追加証拠金が

5）2023年9月時点で東証スタンダードに上場しているメディアリンクス（6659）とは別の会社。

発生し、沖縄から証拠金を振り込むはめにはなりましたが)。それまでは、持株が倒産することについて、いまいちイメージすることができていなかったためか、そのようなリスクの高い銘柄の売買もよく行っていました。しかし、幸いなことにそのとき資産がゼロになってしまう恐怖を強く感じたため、それ以降、倒産可能性のある銘柄を買うということはなくなりました。

その後、新卒でプライベートエクイティ投資関連の会社に就職しました。事業モデルの考え方や時価総額[6]に対する感覚、貸借対照表の重要性など、多くの投資に関する学びをその会社から得ることができたかと思います(そこでは9年ほど働き、今は別の会社に移っています)。

社会人となり毎月の給与から株を買えるようになってからも、初めのうちは学生時代と似たような投資を繰り返していました。投資成績は学生時代と同じように安定せず、段々と「今のやり方ではうまくいかないのかもしれない」と考えるようになっていきました。

そこで、それまでの感覚的に売買を繰り返すスタイルをやめ、2008年頃から投資に一定の基準を設けるようにしました。具体的には、**投資対象を配当利回りが4・0%以上の企業に絞る**ようにしました。結果として、利益が安定して出るようになり、今もそのスタイルを続けています。

6)企業の規模を示す指標。「株価×発行済株式数」で算出。

2

２０２１年に資産１億円突破　受取配当額は右肩上がり

図１－１と図１－２は、それぞれ投資を開始してからの資産と受取配当金額の推移を表したグラフとなります。なお、配当金額には、株主優待（換金時や利用時の実質価値から算定）や貸株金利分なども含めています。

資産は、２０１１年に１０００万円を超え、２０２１年に1億円を突破しました。

２０００年に投資を始めてから、ＩＴバブル崩壊、アメリカ同時多発テロ、ライブドアショック、リーマンショック、ギリシア危機、東日本大震災、チャイナショック、コロナ禍など、途中様々な暴落局面を経験してきましたが、比較的手堅い投資をしているためか、資産は右肩上がりで推移しています。**ここ10年の年平均資産増加率はだいたい19％くらい**となっています。

受取配当金額も基本右肩上がりで増えています。２０１７年はＲＥＩＴへの投資に、２０１９年と２０２２年は日本の高配当株への投資に特に注力したため、それぞれ年間受取配当金額が大きく増加しました。

図1-1　資産推移

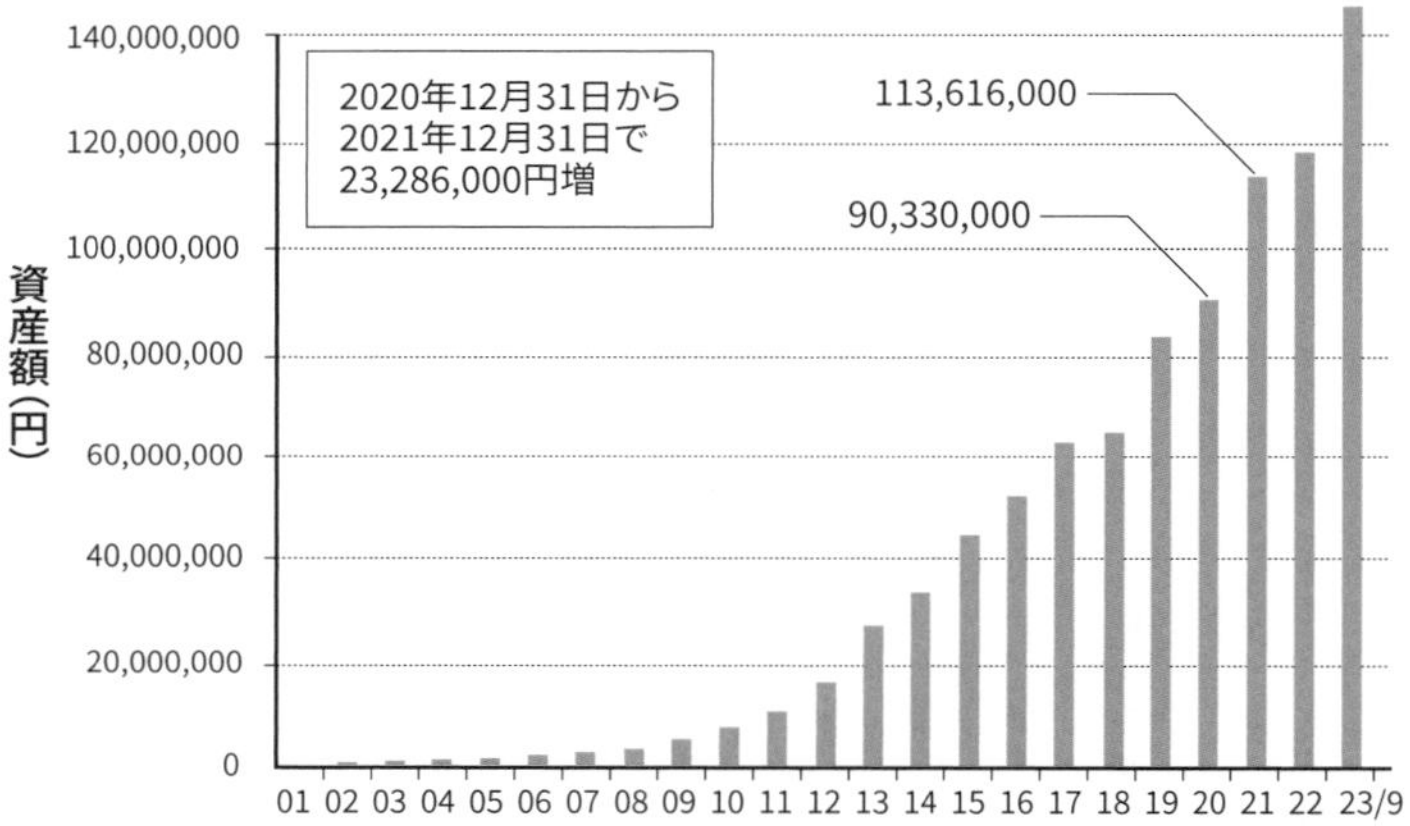

図1-2　受取配当金額推移

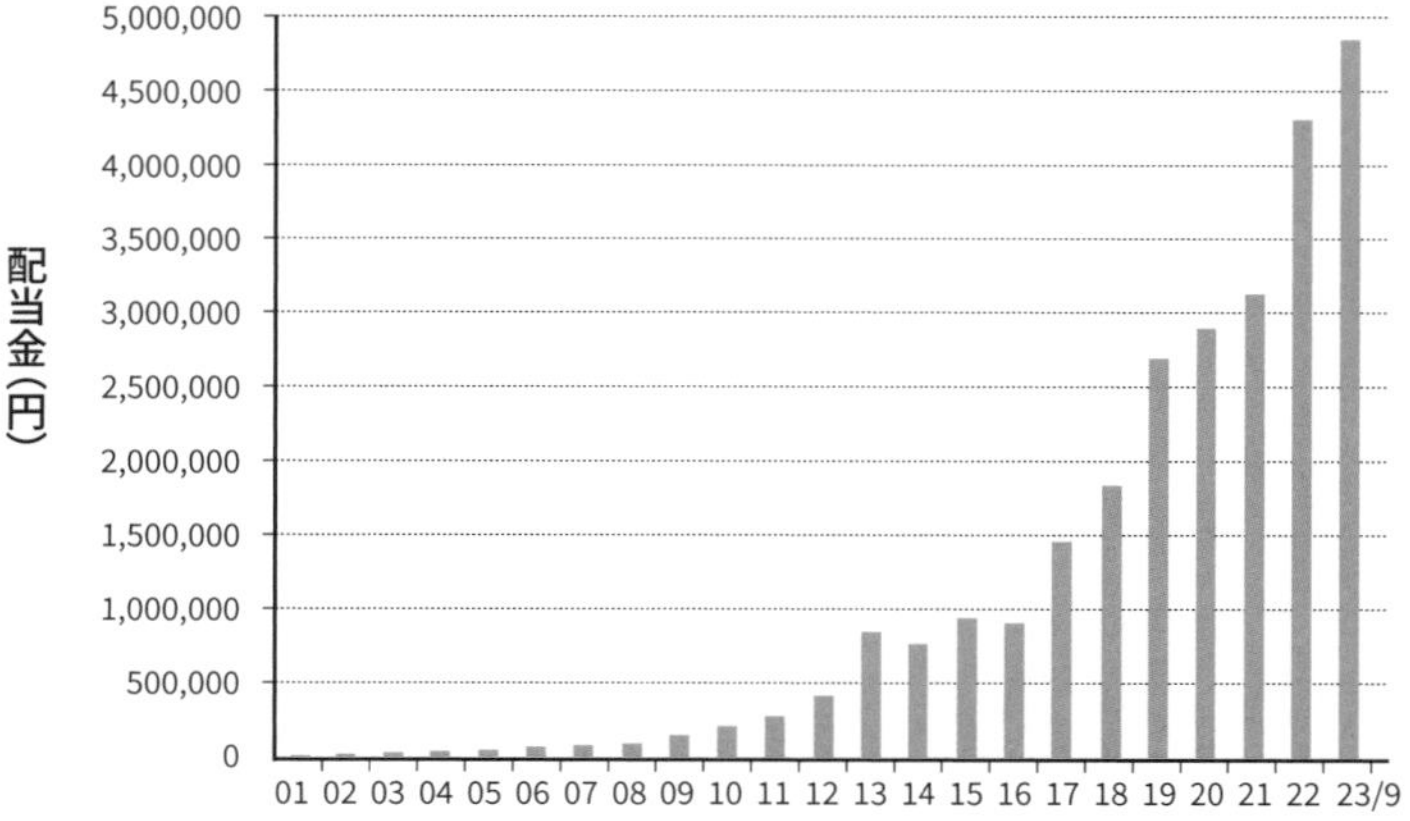

3 利回り3%以上の銘柄が7割の「爆配当」ポートフォリオ

図１－３は、２０２３年９月時点の資産ポートフォリオ[1]比率です。

主な**保有資産は日本株式（51%）、外国株式（投資信託含む、30%）で、日本と外国とを合計した株式比率は81%**となります（日本株式は約２８０の銘柄に分散投資しています）。

その他、日本ＲＥＩＴにも資産の13%について投資をしており、現金・預金の比率は３%となります。

また、保有している日本・外国株式のうち、**配当（株主優待や貸株金利含む）利回り３%以上の銘柄の割合は73%と高配当株に重点を置いたポートフォリオ**としています。

なお、その他には外国ＲＥＩＴ、仮想通貨、未公開株式などが含まれています。

1）現金や株式などの金融商品の組み合わせのこと。

図1-3　資産ポートフォリオ比率

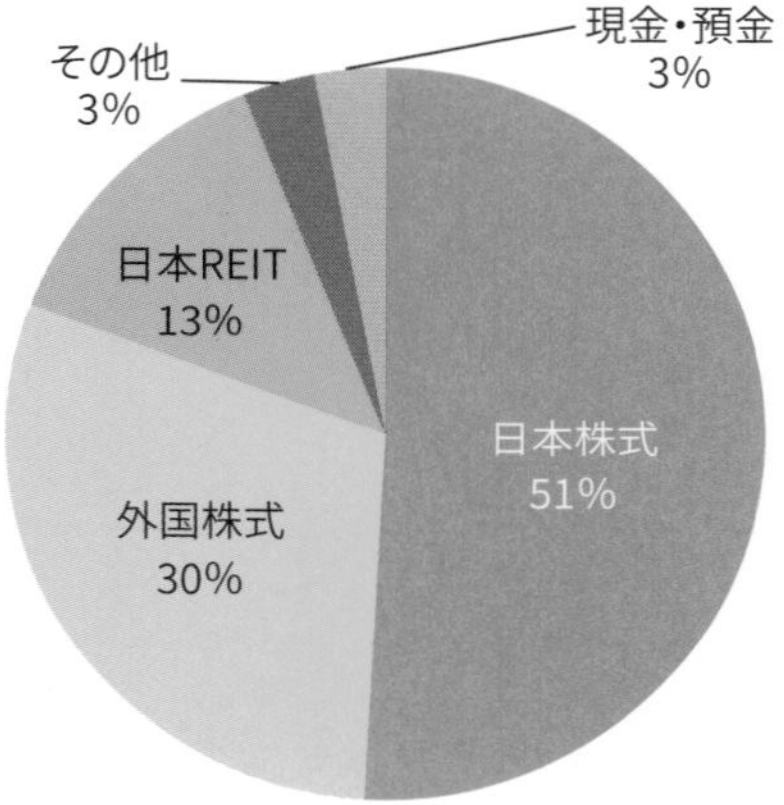

仮想通貨は、保有しているＳＢＩホールディングス（８４７３）、ＳＢＩグローバルアセットマネジメント（４７６５）、ＧＭＯインターネットグループ（９４４９）の株主優待でもらえるため、今後少しずつ増えていくかもしれませんが、適正な価値の算定が難しく、今後も積極的に売買を行うことは考えていません。

第2章

日本株に投資する圧倒的メリット

1 配当利回り4.0%超の企業が10.5%を占める日本の株式市場

高配当株投資の話をする前に、ざっと株式投資全体に関する話をしていきたいと思います。

(1) 時価総額

2023年7月末時点の東証プライム時価総額は、823兆円です(「月末時価総額(2023年7月)」日本取引所グループ)。

バブルピーク時の1989年末の東証一部時価総額は591兆円でしたので、上場企業数の違いはあるもの[1]、単純に比較すると2023年の時価総額は34年前の1・4倍ほどとなっています。

（2）配当金を考慮した日経平均

２０２３年９月29日時点の日経平均株価は３万１８５７円です。１９８９年12月29日に付けた日経平均史上最高値の３万８９１５円到達まではもう少し時間がかかりそうですが、配当金を考慮した日経平均は、２０２０年11月25日、一足先に史上最高値を上回っています。

２０２３年９月22日時点の配当込み日経平均（日経平均トータルリターン・インデックス）は５万６３４３ポイントであり、１９８９年末高値４万３２００ポイントを30％上回る水準にあります。

配当金にかかる税金を考慮しないとの前提ではありますが、１９８９年末のバブルピーク時に日経平均採用銘柄を買った場合であっても、銘柄入れ替えを適切に行いながら配当をすべて再投資していれば、現時点で30％の利益が出ていることになります。

1）上場企業数は、２０２３年7月末：１８３４社、１９９０年末：１１９１社。

（3）配当利回り推移

日本株の配当利回りはどのように推移しているのでしょうか。

図2－1は、1998年以降における、東証プライム（2022年3月までは東証一部。以下同様）銘柄の配当利回りの推移を表したものです（「株式平均利回り（2023年7月）」日本取引所グループから著者作成）。

2008年くらいまでは、配当利回り0・8％～1・5％をレンジとして推移していましたが、それ以降レンジは1・4％～2・7％に切り替わっており、配当利回りは上昇傾向にあることがわかります。

1998年～2023年の期間平均配当利回りは1・6％と決して大きな数値ではありませんが、**配当金を考慮した日経平均はバブルピーク時を上回っており、配当金は積み重ねていくことが重要であると言えるでしょう。**

図2-1　東証プライム銘柄　配当利回り推移（単純平均）

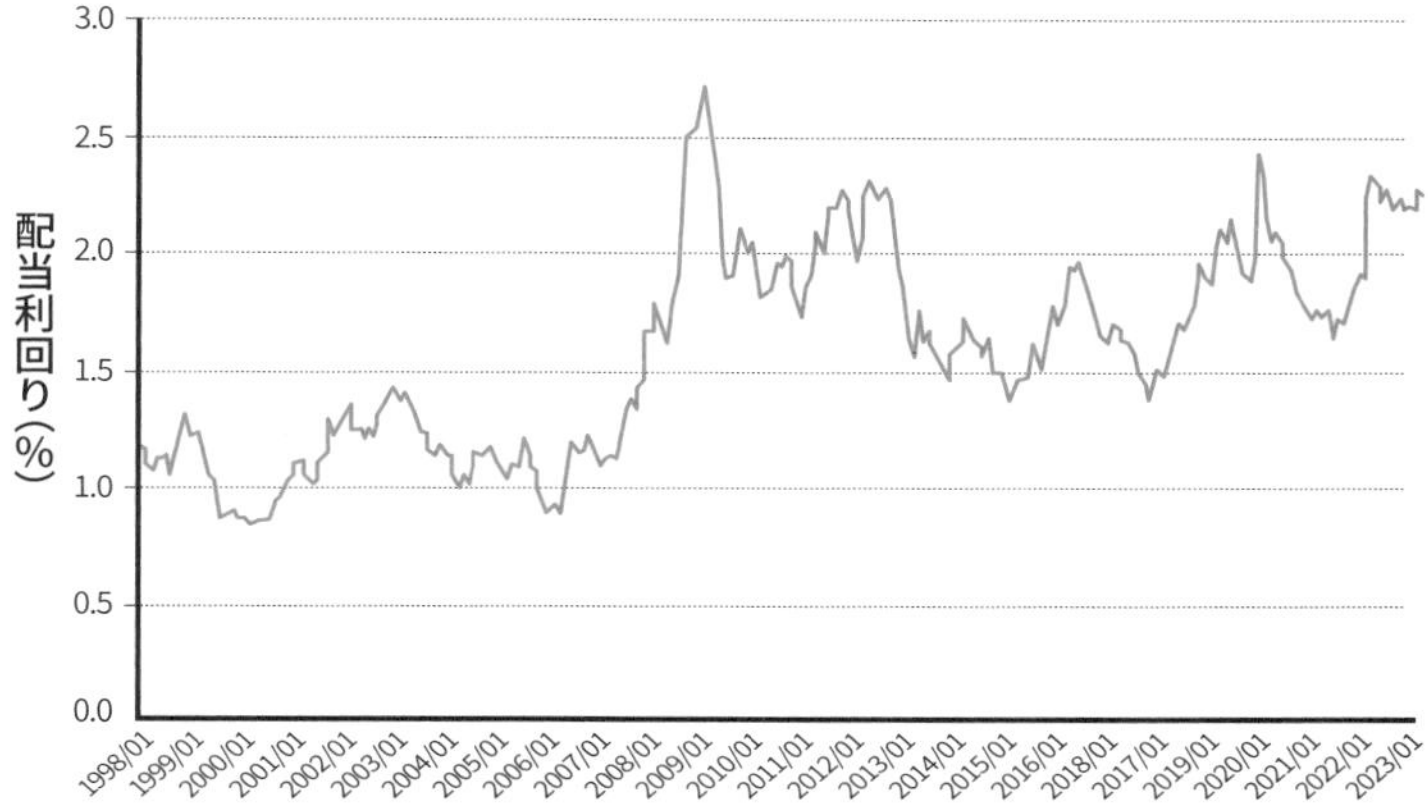

図2-2　配当利回りごとの企業割合

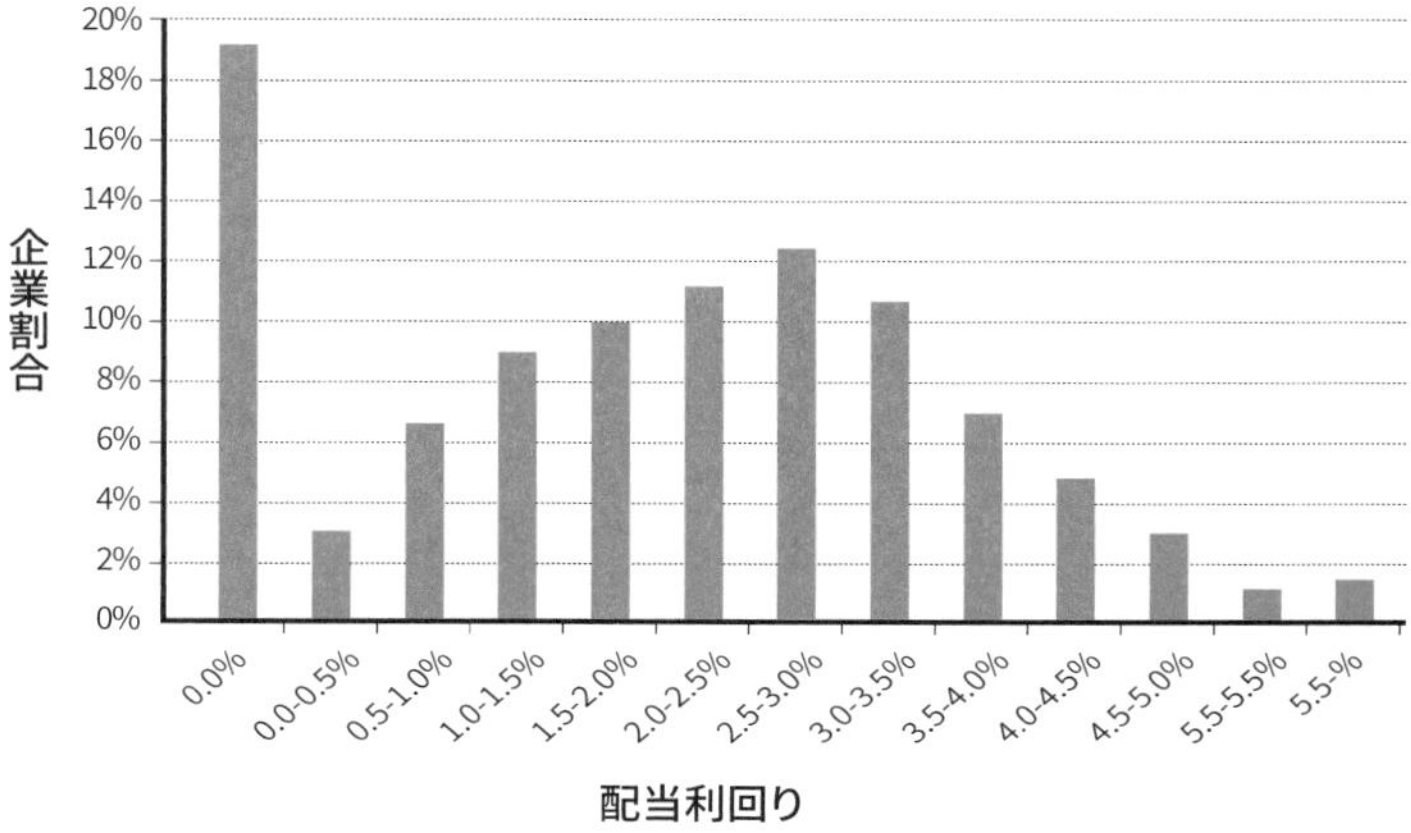

（4）配当利回りごとの企業割合

図2－2は、2023年7月時点における、東証上場企業の配当利回りごとの企業割合を示したグラフです（データはSBI証券のスクリーニングから取得）。

上場企業のうち、配当金を出している企業（有配企業）の割合は80・6％です。有配企業のうち割合が一番大きいのは配当利回りが2・5％超3・0％以下の企業（12・5％）で、配当金を出していない企業（無配企業）を除き、グラフは2・5％超3・0％以下をピークとした山のような形となっています。

また、**本書で有力な投資候補として考えている配当利回り4・0％超の企業は全体の10・5％ほどを占めています。**

（5）PBR推移

図2－3は、1999年1月～2023年7月の東証プライム銘柄の単純PBR[2]平均推移を表したものです（「規模別・業種別PER・PBR（連結・単体）一覧」日本取引所グループ

図2-3　東証プライム銘柄　PBR推移(単純平均)

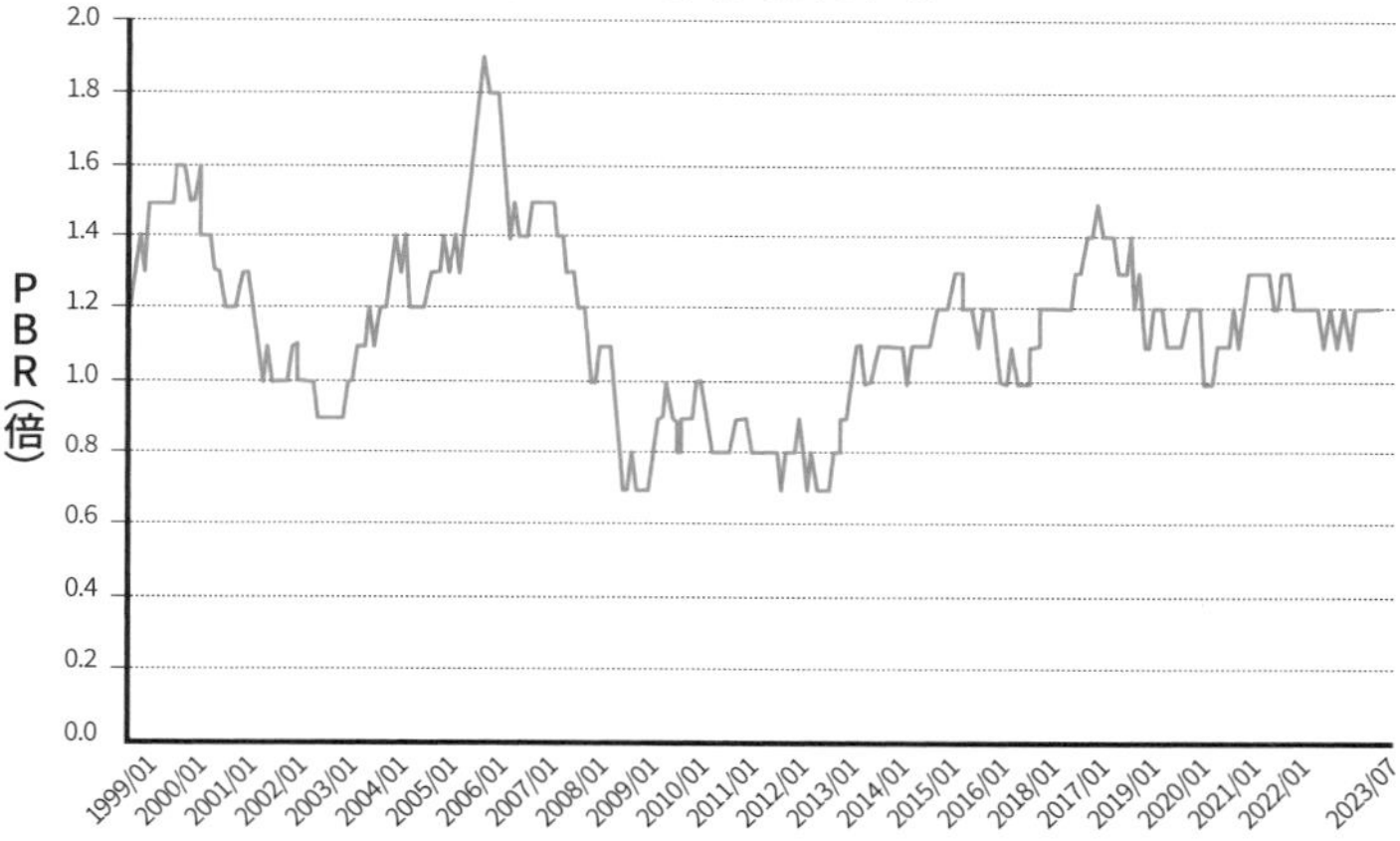

から著者作成)。

2023年7月末のPBRは1・2倍で、1999年1月~2023年7月の平均PBR1・15倍と比較してもほとんど変わらない水準にあります。

また、過去24年間のPBR下限はだいたい0・7倍程度であり、東証プライム銘柄の平均PBRと日経平均採用銘柄の平均PBRが変わらないと仮定すると、株式市場が大暴落したときの日経平均下値の目途は1万9350円

2)株価純資産倍率。株価が1株当たり純資産(BPS)の何倍まで買われているかを見る投資尺度。現在の株価が企業の資産価値(解散価値)に対して割高か割安かを判断する目安として利用されます。PBRの数値は、一般的に低い方が割安とされます。

程度と計算されます[3]。

そのときどきの感覚で株価の割安・割高を判断すると、高値で掴まされたり、底値で売らされたりする可能性が高くなります。何となくの値頃感で株を売買するのではなく、ある程度、割安・割高に関する基準をもって売買に臨むのがよいでしょう。

(6) 株主推移

図2－4は、1970年以降における日本取引所グループ上場企業の外国法人、銀行、事業法人ごとの株式保有比率の推移となります（「投資部門別株式保有比率の推移（長期データ）」日本取引所グループから著者作成）。

銀行や事業法人は、1990年代後半から持ち合い解消売りの一環として日本株を売却しているのに対して、外国法人はバブル崩壊後の1990年頃から日本株をコンスタントに買っていることがわかります。

3）33172円（2023年7月末の日経平均）÷1.2倍（東証プライム銘柄の2023年7月末PBR平均）×0.7倍（PBR下限）から算出。

図2-4　投資主体別株式保有比率の推移

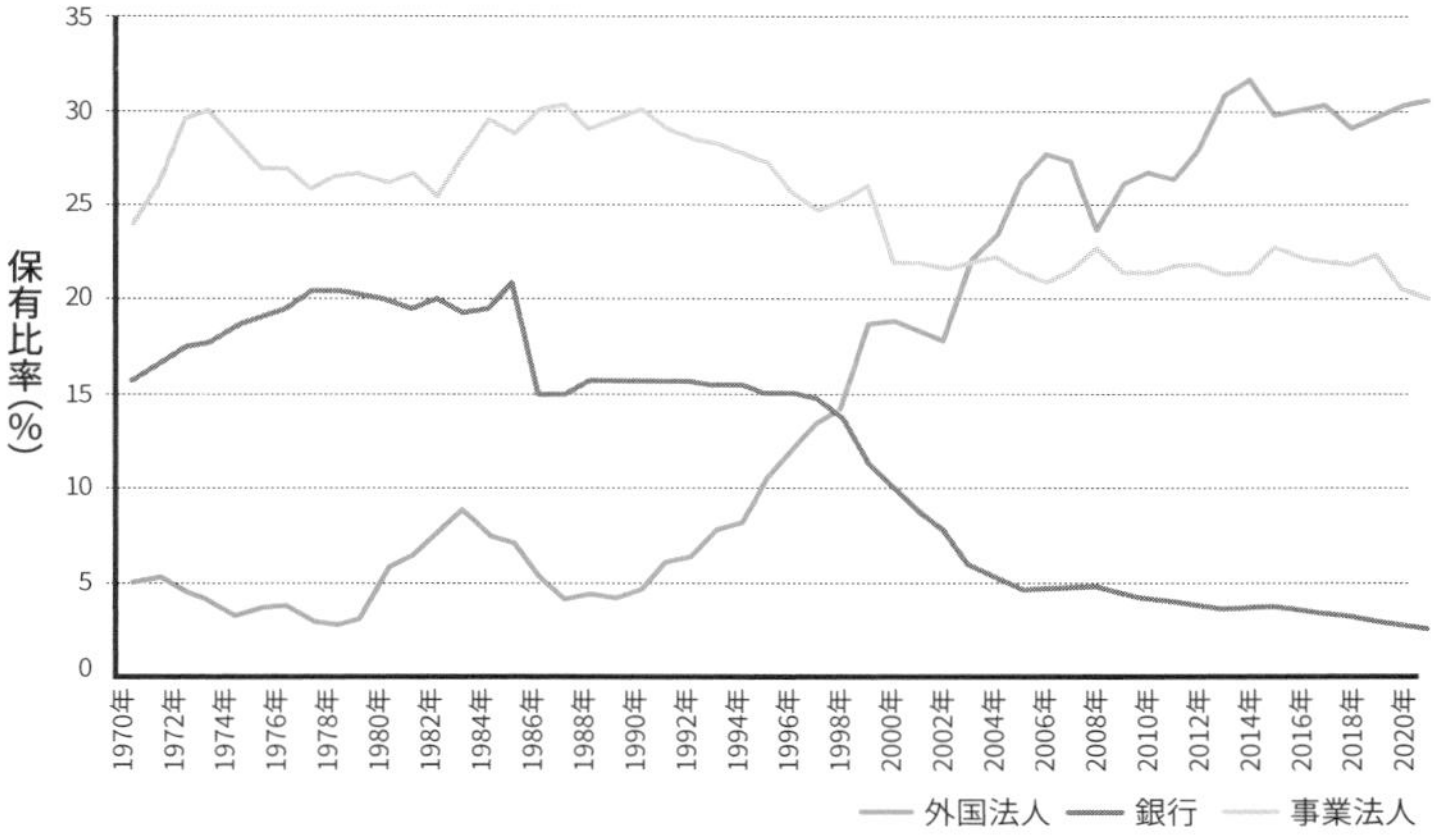

近年日本においても株主が重視されるようになってきたのは、この外国人投資家の増加による影響も非常に大きいと思われます。

また逆に考えると、この外国人投資家比率が減らない限り、今後も企業は株主重視の考え方を続けていくであろうことが予想されます。

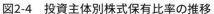

2 世界の株式市場で比較すると割安な日本株

表2－5は、2023年4月時点の世界各地域別および各国別のPER[1]、PBR、配当利回りをまとめた表です（「myINDEX」https://myindex.jp/global_per.php）。

全世界の指標と日本の指標とを比べると、日本株はそれなりに割安感があると言えます（全世界：PER16・8倍、PBR2・6倍、配当利回り2・3％に対して、日本：PER12・9倍、PBR1・3倍、配当利回り2・5％）。

アメリカは、PER21・3倍、PBR4・1倍と株価に割安感はありません。また、配当利回りも1・6％と他国に比べて低い数値を示しています。

その他、新興国の各指標（PER11・2倍、PBR1・7倍、配当利回り3・6％）は、先進

1）株価が1株当たり純利益（EPS）の何倍まで買われているかを見る投資尺度。株価÷1株当たり純利益（EPS）で算出され、現在の株価が企業の利益水準に対して割高か割安かを判断する目安として利用されます。PERの数値は、一般的に低いほうが割安とされます。

表2-5　各国・地域別のPER、PBR、配当利回り

地域・国	PER(倍)	PBR(倍)	配当利回り
ブラジル	4.7	1.4	13.4%
チリ	4.6	1.1	10.8%
コロンビア	4.1	0.8	10.5%
パキスタン	2.8	0.4	5.8%
チェコ	7.3	1.8	5.7%
オーストラリア	13.9	2.2	4.6%
ノルウェー	7.8	1.8	4.5%
イタリア	8.2	1.2	4.3%
シンガポール	12.5	1.3	4.3%
台湾	12.4	2.1	4.3%
マレーシア	14.3	1.3	4.3%
フィンランド	12.4	1.7	4.1%
南アフリカ	8.9	1.9	4.1%
インドネシア	17.1	2.2	4.0%
オーストリア	4.9	0.9	3.8%
ポーランド	6.2	1.1	3.8%
ハンガリー	5.0	0.8	3.7%
香港	20.6	1.1	3.7%
英国	11.9	1.9	3.6%
ポルトガル	13.4	2.5	3.4%
トルコ	5.1	1.6	3.3%
カナダ	12.6	1.9	3.3%
ドイツ	11.5	1.4	3.2%
ニュージーランド	24.6	2.4	3.1%
タイ	15.6	1.6	3.1%
スイス	22.3	3.2	2.9%
メキシコ	11.2	2.1	2.9%
イスラエル	10.4	1.3	2.9%
スペイン	9.1	1.2	2.7%
フランス	15.2	2.0	2.7%
スウェーデン	28.3	2.1	2.7%
ギリシャ	5.7	1.0	2.6%
中国	11.4	1.3	2.5%
日本	12.9	1.3	2.5%
ベルギー	19.0	1.6	2.5%
韓国	9.1	1.0	2.3%
フィリピン	14.5	1.6	2.2%
オランダ	18.6	2.6	1.9%
エジプト	9.1	2.2	1.9%
米国	21.3	4.1	1.6%
インド	21.6	3.3	1.5%
デンマーク	18.8	5.1	1.4%
アイルランド	15.0	1.6	1.0%
新興国	11.2	1.7	3.6%
BRICs	11.3	1.6	3.4%
アジア・パシフィック	12.8	1.3	3.0%
ヨーロッパ	13.8	1.9	3.0%
先進国	17.7	2.7	2.1%
全世界	16.8	2.6	2.3%

出所：myINDEX

国の各指標（PER17・7倍、PBR2・7倍、配当利回り2・1％）よりも割安感を示しています。日本やアメリカの新興企業の株価は、大企業に比べて割高であることが多いのですが、新興国の株価についてはそれらと逆の傾向にあるようです。

これは、一般的に新興国は、

①政治・経済の基盤が不安定であり、先を見通すことが難しいこと
②企業情報が限定的かつ不透明であり、公正な評価が難しいこと
③経済規模が小さいことや制度の未熟さから、株の流動性が低いこと
④主要国に比べて通貨が不安定であり、資産の価値評価が大きく変動しやすいこと

など、投資家に不利な要因を多く抱えているためと考えられます。

また、ブラジル、チリ、コロンビアなどの国の配当利回りが高いのは、先ほど述べた要因に加え、高いインフレ率（2022年のインフレ率は、それぞれ9・3％、11・7％、10・2％）により、求められる配当利回りの水準が高くなっているためと考えられます。

各国の株価に関する指標には、それぞれ特有の事情・背景があるようです。

3 投資成績を検証し、高配当が最も優秀と判断

どういった株式を対象に売買するか、投資手法には色々な種類があります。

本書では配当利回りの高い銘柄に投資する高配当株投資を主に取り上げていますが、他にも代表的な投資の手法として、売上・利益などが急速に伸びている銘柄に投資するグロース（成長）株投資、企業が生み出している利益や保有資産などに対して、割安な株価の銘柄に投資するバリュー（割安）株投資、株価の動きに勢いが見られる銘柄に投資するモメンタム投資などがあります。

図２-６は、個人投資家の個別銘柄選別基準についてのアンケート回答結果を示したグラフです（「日経マネー」２０２３年８月号）。

個別銘柄を選別する基準として最も多いのは、「配当利回りが高い」（57％）ことで、それに「成長性重視」（46％）、「割安である」（41％）が続きます。

図2-6　個別銘柄選別の基準は？

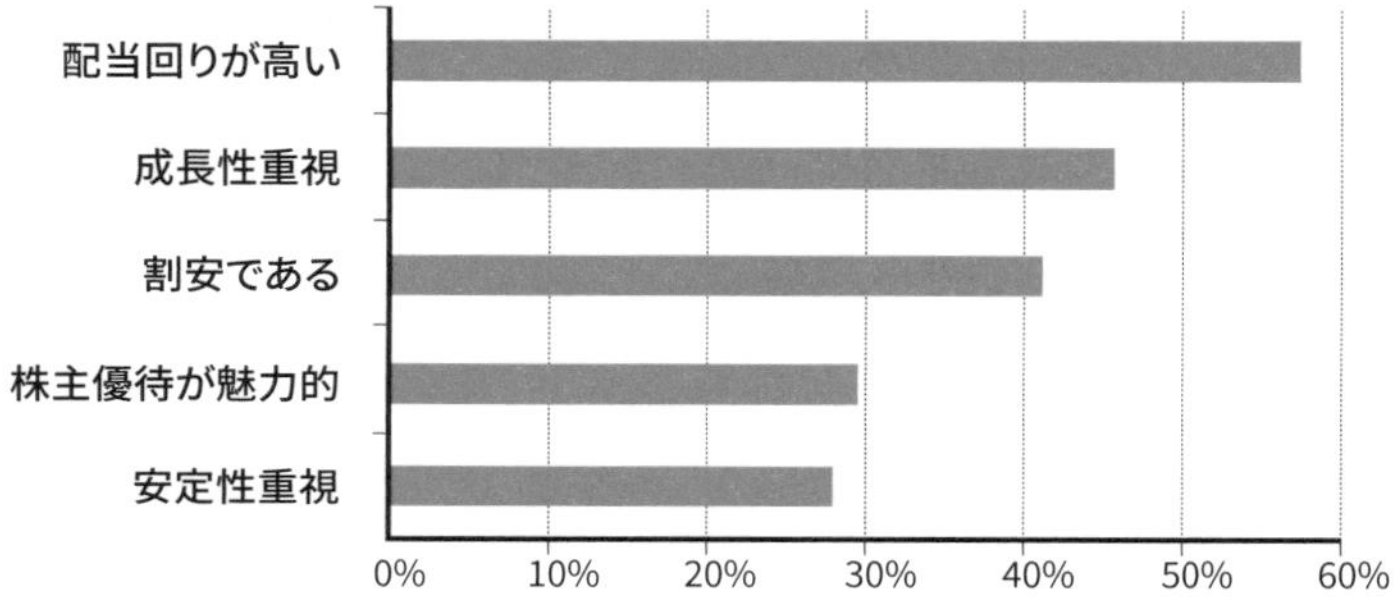

出所：「日経マネー」2023年8月号

前年までは「成長性重視」を挙げる人が、「配当利回りが高い」と同じくらい、またはそれより多い状況が続いていましたが、２０２３年は、「配当利回りが高い」を挙げる人の割合が「成長性重視」の割合を11％上回る結果となりました。

近年、高配当株投資のパフォーマンスが優位となるにつれ、高配当株投資への注目も高まってきていることが本結果から見てわかります。

これらの投資手法について、どれが優れているかよく議論になりますが、これらは優劣をつけることができるものではありません。

X（旧Twitter）上でも、グロース株投資とバリュー株投資、どちらの方が優れているか？とよく議論されますが、市場の状況だけでなく、各個人との相性もあり、一概に答えを出せるものではありません。

自分の性格やライフスタイル、興味分野に従いながら、それぞれ自分に合った手法で投資を行っていくのがよいでしょう。

それでは、自分に合った投資手法はどうやって見つけていけばよいでしょうか。

私の場合、自分に合った投資手法を見つけるため、

①複数の証券会社に口座を開設する
②証券口座ごとに投資手法を変えて株の売買を行う
③各証券口座の成績を比較する

ということを行いました。

具体的には、**A証券には配当利回り4・0％以上の銘柄を集め、B証券にはインターネットの掲示板や雑誌等で話題の銘柄を集め、C証券には配当利回りが低いものの割安感のあるバリュー銘柄を集め、それぞれの証券口座の成績を比べました。**

結果として、**3つの証券口座の中ではA証券の成績が一番よかった**ため、ある程度基準が明

確で再現性も可能な、配当利回り4・0%以上の高配当株を中心に買う、という投資手法を取っていくようになりました。

まだ決まった投資スタイルをお持ちでないという方は、どういった手法が自分に一番あっているか色々と試行錯誤しながら、ご自身に合った投資スタイルを確立されていくとよいでしょう。

4 日本株に投資する3つの理由

最近明るい兆しが見え始めているものの、バブル崩壊後、日本経済は長期間にわたって低迷を続けてきました。

景気の波はあるにしても基本右肩上がりで成長を続けてきたアメリカと比べて、バブル崩壊後32年間の株価パフォーマンスは大きく差がついています。

例えば、図2－7に示すように、1991年から2022年のNYダウピーク時までの株価指数を比較すると、NYダウの約13倍に対して、日経平均は約1・3倍にとどまり、10倍以上の差が生じていました（図2－7は2022年7月までのグラフですが、2023年7時点の株価指数で比較すると、日経平均：144、NYダウ：1225と、8・5倍程度の差となっています）。

図2-7　日経平均とNYダウの30年間株価比較

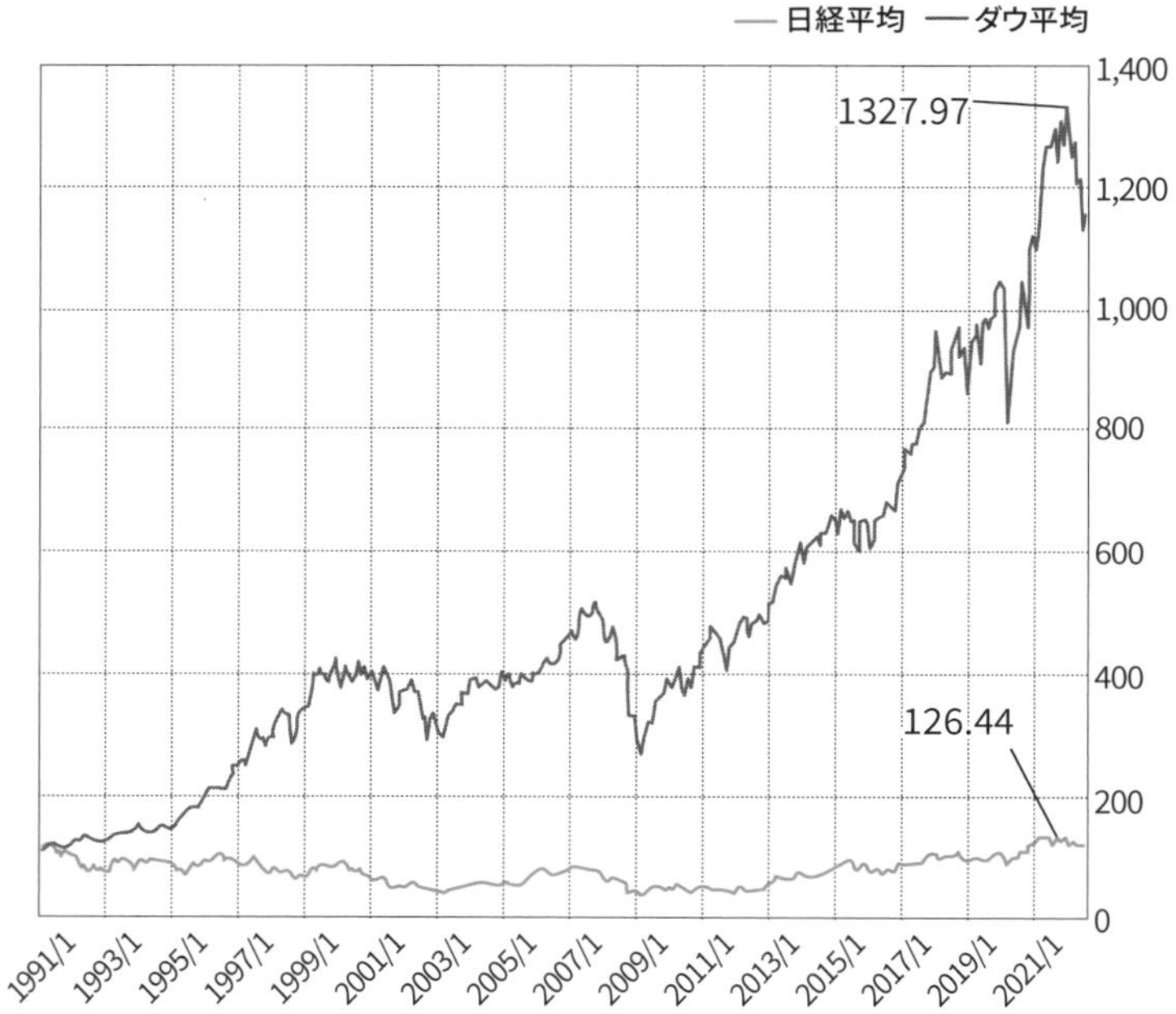

出所：auカブコム証券HP
(https://kabu.com/item/foreign_stock/us_stock/column/5.html)
1991年11月終値を100としてそれぞれ指数化
2022年7月7日終値まで表示

32年間の株価推移では圧倒的な差がある中、私がアメリカ株より多くの日本株をポートフォリオに組み入れている理由についてお話しいたします。

（1）地の利

日本株に多く投資している理由としてまず、普段日本に住み、日本語を使っていることから、

①肌感覚で企業の状況を理解することができる
②企業が発信する情報を日本語で理解することができる
③為替リスクがない

など**日本の地の利を大きく活かせる**ことが挙げられます。

日本企業であれば、近所の店舗に行ってみたり、日本で売っている商品を使ってみたりして、その会社の株を買っていいかどうか判断することができます。

例えば、コロナ禍のとき、近所の「ケンタッキーフライドチキン」《日本KFCホールディングス（9873）》や、家系ラーメンの「町田商店」《ギフトホールディングス（9279）》に足

を運び、「他の飲食店が大ダメージを受けている中でも、お客は十分入っているな。店舗運営は効率化されており、味も美味しく、買いの検討をしてみようか」と考えることができます。

一方、アメリカ企業の場合、日本に店舗がなかったり、日本で製品が販売されていなかったりすることが多く、肌感覚で会社の状況を理解することができません。

例えば、アメリカを中心に2000店舗以上展開する大手ベーカリー＆カフェのパネラ・ブレッドは、日本では出店されておらず、お店に足を運んで商品を食べたり、店舗の雰囲気を感じとったりすることはできません。

また、日本企業の場合、日本語で書かれたIR資料を読み、外国人では理解が難しいであろう細かなニュアンスを読み取ることもできます。

その他、当然ではありますが日本株は円で取引されるため、為替リスクもありません。**日本に住んでいて日本語を使っているからこそ享受できる、これら地の利を活かさない手はないかと考えます。**

（2）財務／収益力の向上・株価上昇への取り組み

日本にはバブル崩壊後、構造改革を経て、財務・収益力が格段に向上している企業が数多く存在しています。

２０２３年３月期において、日本の上場企業の純利益合計は、前の期比１％増の39兆８８１億円と、２期連続で最高益を更新しました（「日本経済新聞」２０２３年５月19日）。また、外国人投資家の増加や、東京証券取引所からの「資本コストや株価を意識した経営の実現に向けた対応」の要請などにより、企業は以前にも増して、株価対策を重要課題としてとらえ、株主還元・株主重視の姿勢を強めるようになっています。

その他日銀は、欧米当局が金融引き締めに動く中でも、依然として金融緩和を維持する姿勢を見せています。

企業は、バブル期に比べて安定して儲けることができる会社作りを行っているとともに、国や証券取引所は株価上昇のための道筋を作っています。

近年日本は、株価上昇のための取り組みを官民一体となって行っており、**以前よりも株価上昇に対する期待値は上がっている**と言ってよいかと思います。

図2-8　2013年以降の日経平均とNYダウの株価比較

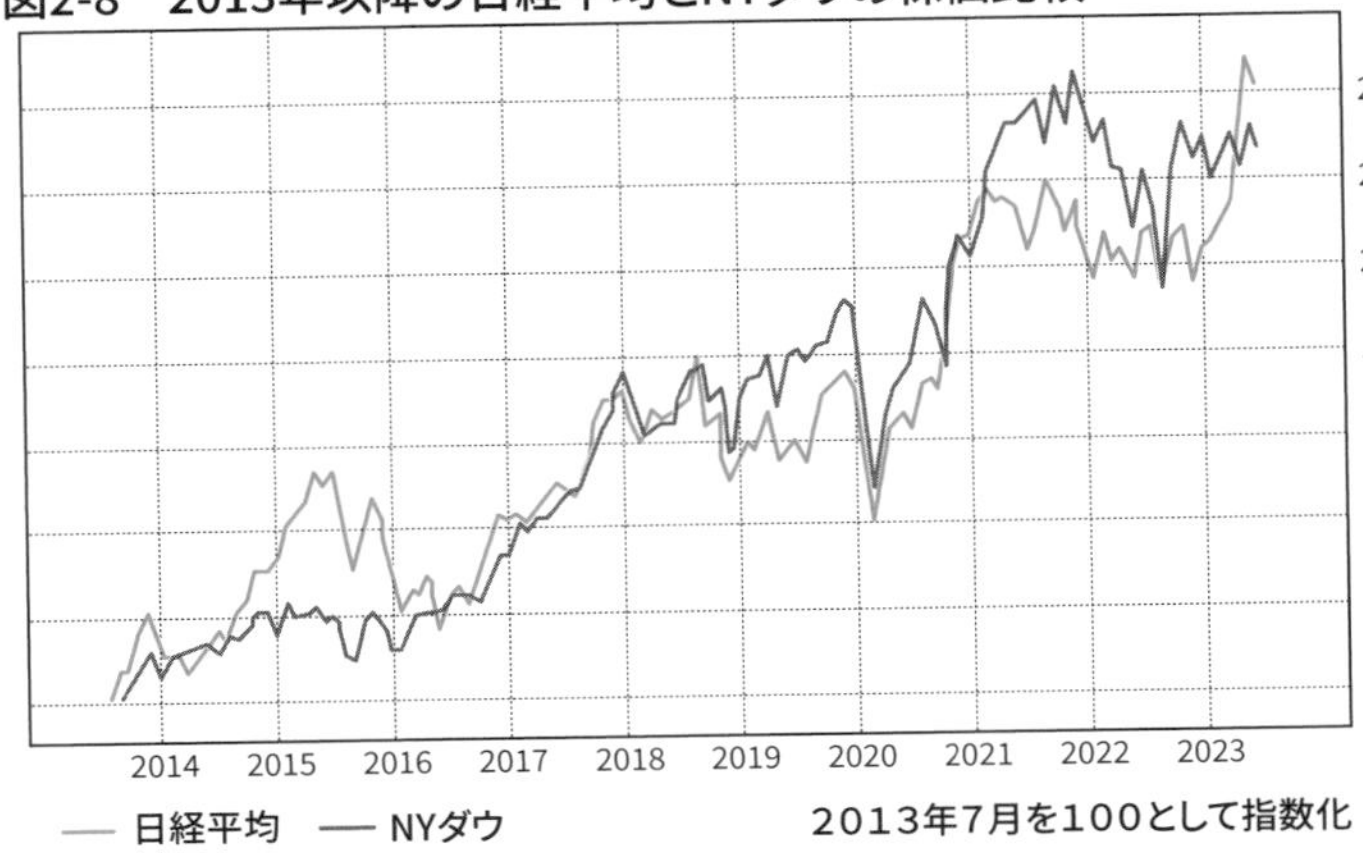

（3）アメリカに見劣りしないここ10年の株式パフォーマンス

先ほど、バブル崩壊後32年間の株価指数を比較したとき、NYダウの指数は日経平均のそれを8・5倍上回っていると話をしました。

しかし、実はここ10年の株価指数を比較するとその差はほとんどほとんどありません。

図2－8は2013年7月～2023年7月の日経平均とNYダウの値動きを比較したチャートです（それぞれ2013年7月を100として指数化）。

日経平均が優位な時期、NYダウが優位な時期いずれもありつつ、最終的には**僅かでありま**

図2-9　リスクプレミアム比較

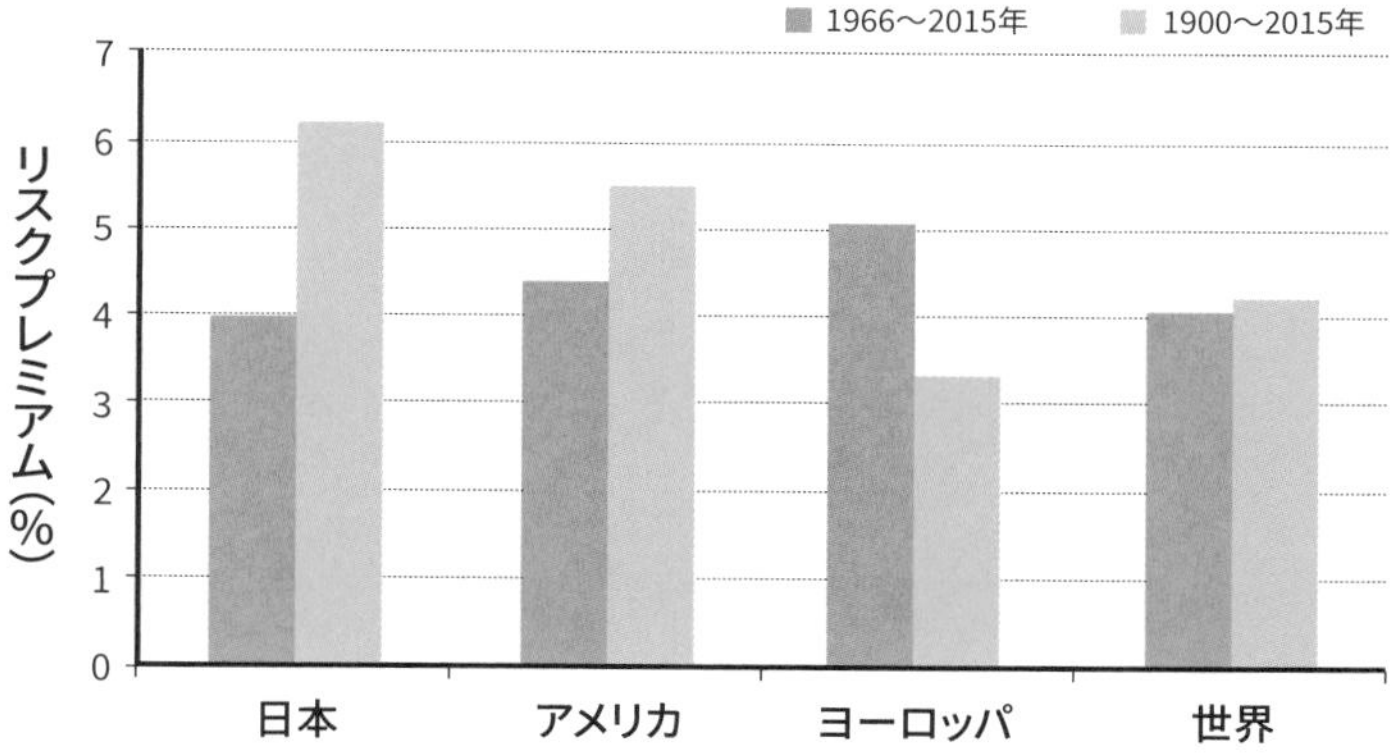

出所：『ファクター投資入門』

すが、日経平均の方がNYダウのパフォーマンスを上回っています。ここ10年で見ると、決して日本株はアメリカ株に比べて劣っていないのです。

また、図2-9は、日本・アメリカ・ヨーロッパ・世界の株式リスクプレミアムを表したグラフです（『ファクター投資入門』（アンドリュー・L・バーキン、パンローリング、2018年11月）から著者作成）。

リスクプレミアムは、投資家がそのリスクに応じて期待する超過収益[1]のことで、「（リスクある資産の期待収益率）－（国債など無リスク資産の収益率）」の式から算出されます。

1）期待収益を上回る収益のこと。

中長期で見たとき、日本のリスクプレミアムはアメリカ・ヨーロッパ・世界に比べて引けを取るものではなく、投資家は日本の株式に対して相応の収益を期待していることがわかります。

もちろん日本にも、

①人口が減少傾向にあるなど市場の成長性に乏しい
②保守的な経営文化からイノベーションが生まれにくく、リスクを取る姿勢が欠如している

などの問題があることは、否定できません。

しかし、**総合的に見ると日本株に投資するメリットはデメリットを上回っており、ある程度アメリカ株もポートフォリオに入れながら日本株も買うという戦略は有効的なものであると考えています。**

第3章

高配当投資が安定性と高パフォーマンスを両立できる秘密

1 そもそも「配当」とは何か

ここからは高配当株投資について話をしていきたいと思います。

その前に、高「配当」株投資の「配当」とは何か、説明をいたします。

まず**配当は、企業が稼ぎ出した利益を株主に配分すること**を言います。株主は保有する株数に比例して、企業から配当を受け取ることができます。

企業は、利益や貯えがなければ配当をすることはできません。より専門的な言葉で言うと、企業は赤字であっても配当を支払うことはできますが、「分配可能額」を超えて配当することはできないのです。

もし、企業が「分配可能額」を超えて配当をした場合、その配当の議案を提案した取締役は、配当を受けた株主と一緒に、企業に対して配当された金額を支払う義務が生じます（会社法第

462条)。

配当は、株主総会の普通決議で決定されます。配当が支払われる回数は、通常年1回（期末配当のみ）か年2回(中間配当と期末配当)となります。

あおぞら銀行（8304）など、四半期に1回配当を支払う企業もありますが、あまり多くはありません。

配当を受け取るには、権利付最終日[1]までに株を購入する必要があります。

権利付最終日の翌営業日（権利落ち日）は、理論上では、配当の分だけ株価が下がることには注意しましょう。

例えば、権利付最終日の終値が1000円で、配当予定額が40円である場合、権利付最終日の翌営業日は、終値から配当予定額を差し引いた960円を基準として、株価はスタートすることになります。

1）配当や株主優待など、株主としての権利を得ることができる最終売買日。

2 「高配当株」は配当利回り3・0%くらいから

高配当株は、配当利回りの高い株式のことを言います。
配当利回りは、株価に対する年間配当金の割合のことで、

・配当利回り＝1株あたりの配当金÷株価×100

の式から算出されます。

例えば、株価が1000円で年間配当金が40円の株式の配当利回りは、40÷1000円×100＝4・0%と計算されます。

それでは、配当利回りが何%以上であれば高配当株であると言えるでしょうか。高配当株について明確な定義はないのですが、2023年8月時点で、日経平均採用銘柄の平均配当利回

りは2・1%程度であり、それより5割ほど大きな、配当利回り3%以上の株については高配当株と言っても差支えないかと思います。

高配当の企業は、安定した収益・現金フローを確立していることが多く、無配の企業より比較的将来予測を行いやすいと言うことができます。

3 高配当株が低リスクである理由

一般的に、高配当株はその他の株に比べて株価が安定していると言われています。高配当株の株価安定性について、ベータ値から確認していきたいと思います。

ベータ値は、個別企業の株価が市場全体の動きに対して、どの程度敏感に反応するかを表す数値です。

例えば、Ａ社の対ＴＯＰＩＸ[1]ベータ値が２・０ということは、

①ＴＯＰＩＸが10%上昇→Ａ社の株価は20%上昇
②ＴＯＰＩＸが20%下落→Ａ社の株価は40%下落

のように、ＴＯＰＩＸに対してＡ社株価は２倍の大きさで連動することを示しています。

ベータ値の高い銘柄は相場連動性が高く値動きも激しくなりがちですが、ベータ値の低い銘

柄は相場連動性が低く値動きはそれほど大きくありません。

図3－1は、2023年6月時点における、配当利回りごとの対TOPIXベータ値平均を示すグラフです（対象：東京証券取引所に上場する時価総額100億円以上の銘柄。データはSBI証券のスクリーニングから取得）。

銘柄全体の対TOPIXベータ値平均は0・88ですが（単純平均であるため1・0とはなっていません）、配当利回り4・0％以上の対TOPIXベータ値平均は0・78と全体に比べて0・1小さい数値となっています。

これは、TOPIXが10％下落するとき、個別の銘柄は全体として平均8・8％下落するのに対して、**配当利回り4・0％以上の銘柄は平均7・8％の下落に抑えられる、ということを示しています。**

ちなみにですが、配当利回りが0％である無配当銘柄の対TOPIXベータ値平均は1・07

1）東京証券取引所上場銘柄を対象として算出される株価指数。

図3-1　配当利回りごとの対TOPIXベータ値

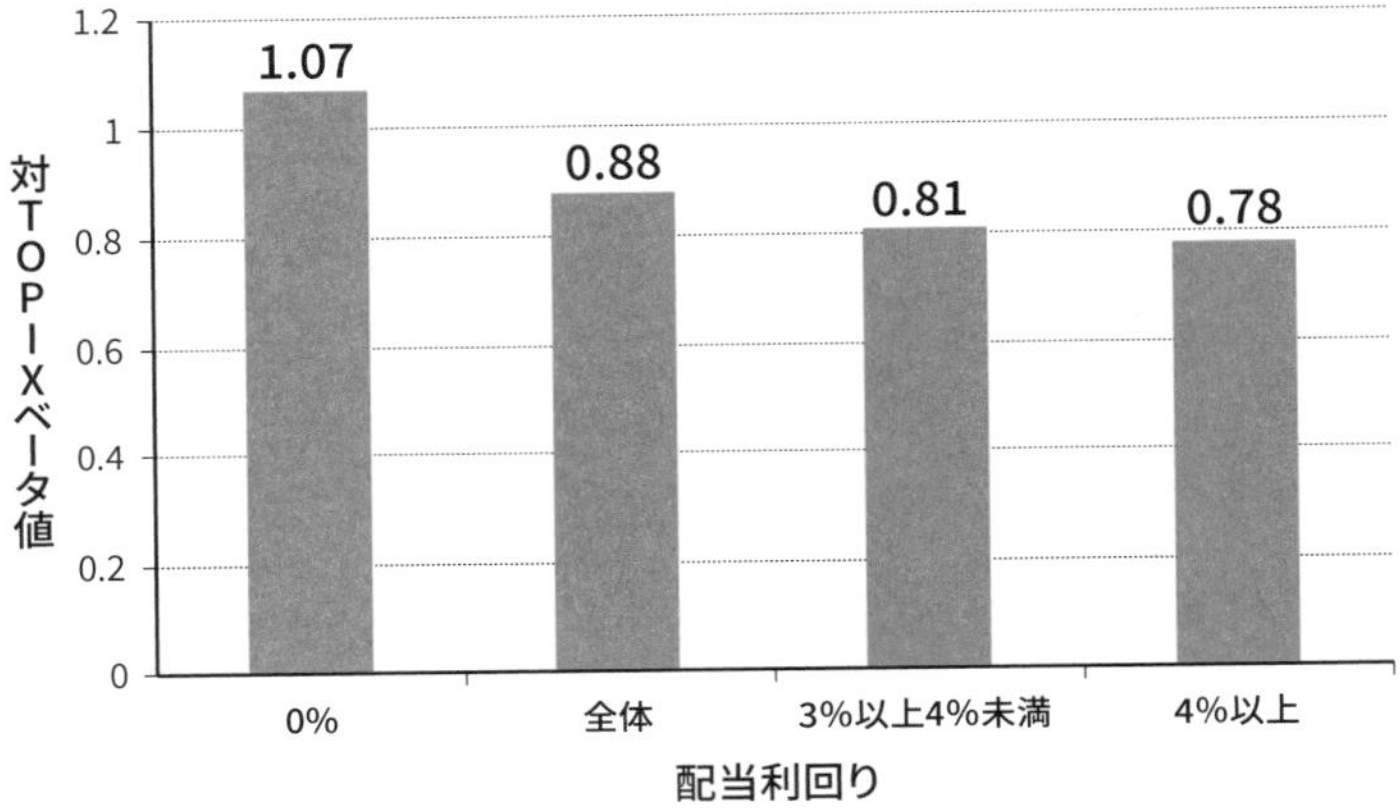

と全体に比べて0・19大きく、配当利回りが低い銘柄ほど、全体の動きに対する感応度[2]が大きく、ハイリスクの傾向にあることがわかります。

このように対ＴＯＰＩＸベータ値平均を比較した結果からも、**高配当株は配当利回りの低い銘柄よりも比較的リスクは低く、安定性を求める人にも適した投資手法と言うことができます。**

2）物事に対して動く度合いのこと。

4 高配当株投資のパフォーマンス比較

（1）日本株

それでは、高配当株投資は実際儲かる投資手法と言えるのでしょうか？　多くの人が関心のある事項であるかと思います。

図３-２は、２０２３年５月の国内株式テーマ別投資信託の年率換算リターン[1]平均をまとめたグラフです。

図３-２を見ると、高配当株をテーマとした投資信託は、期間1年でも期間３年でも一番良い成績を示していることがわかります。

特にここ1年の年率換算リターンは非常に高く、日経平均インデックスを13%以上超過して

1）分析対象期間中における基準価額の年率換算リターン。収益分配金は再投資したものと仮定して計算。

います。

一方、グロース株をテーマとした投資信託は、ここ最近苦戦していることがわかります。直近、グロース株が苦戦している要因としては、

①2020年3月のコロナショック以降、ネット関連企業を中心に、かなり割高な水準まで買われていたのが落ち着いてきたこと
②世界的に金融の流れが緩和から引き締めへと変わり、利上げの影響を受けやすいグロース株が相対的に売られてきたこと

などが考えられます。
それでは、直近の期間以外では、高配当株投資はどのような成績を示しているのでしょうか？
図3－3は、2000年～2011年において、高配当株をポートフォリオに組み込む高配当戦略を取ったときと、TOPIXとの収益を比較したグラフ・表です（「低成長・低金利時代の株式投資戦略」三菱UFJ信託銀行、2012年4月）
図3－3からも、

図3-2　国内株式テーマ別投資信託・年率換算リターン平均

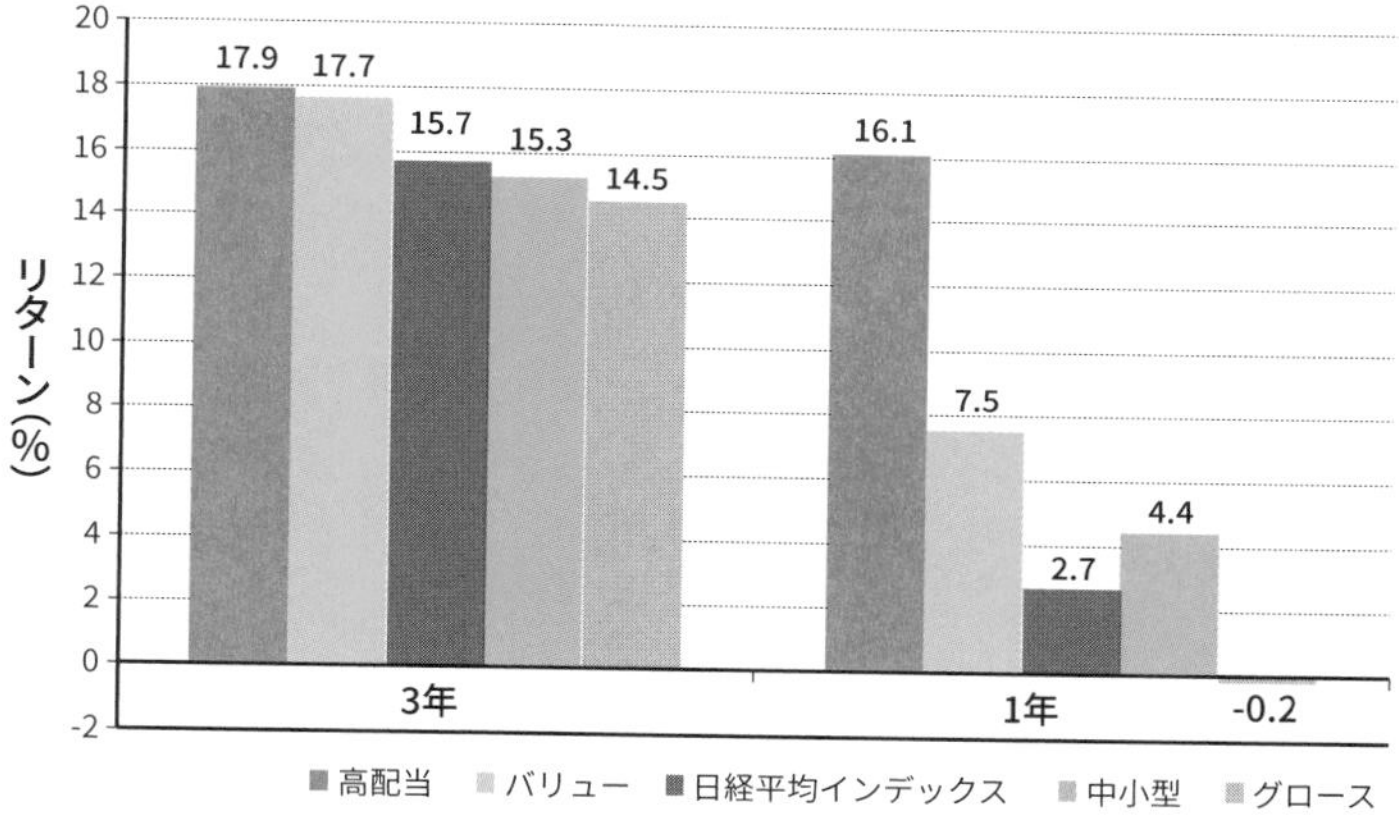

図3-3　2000年～2011年収益比較

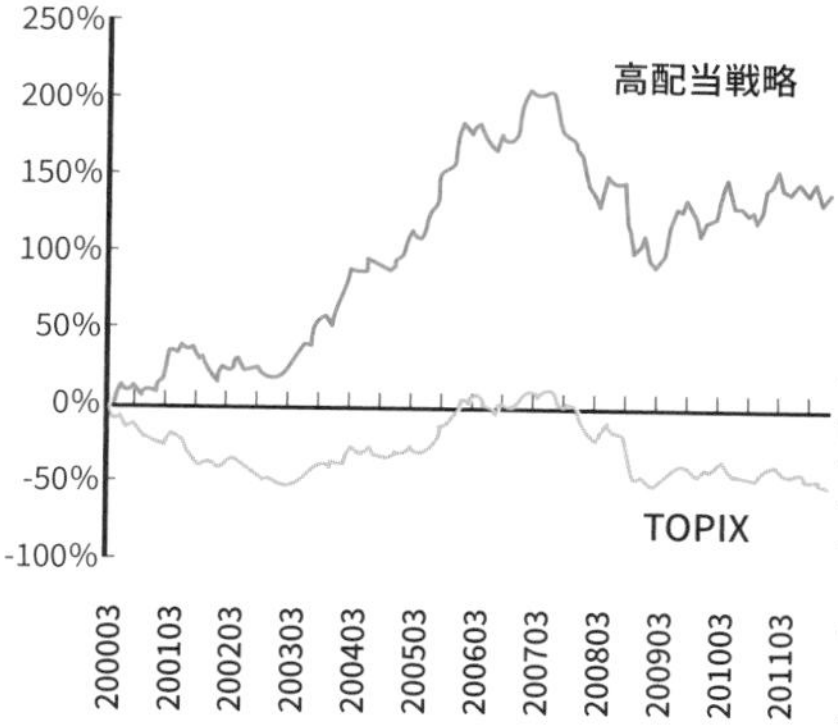

	高配当戦略	TOPIX	超過収益
2000	18.9%	-24.6%	43.4%
2001	3.8%	-16.2%	20.1%
2002	0.9%	-24.8%	25.8%
2003	50.7%	51.1%	-0.4%
2004	13.9%	1.4%	12.5%
2005	32.9%	47.8%	-15.0%
2006	6.7%	0.3%	6.5%
2007	-24.2%	-28.1%	3.9%
2008	-14.6%	-34.8%	20.2%
2009	21.4%	28.5%	-7.1%
2010	1.9%	-9.2%	11.2%
2011	-1.0%	-15.1%	14.2%
年率リターン	7.8%	-5.7%	13.5%
年率リスク	14.0%	17.8%	

出所：「低成長・低金利時代の株式投資戦略」（三菱UFJ信託銀行）

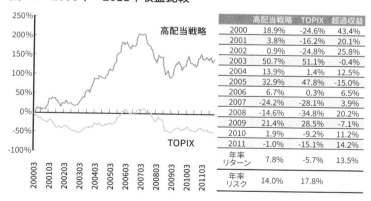

①高配当戦略は12年中9年、TOPIXの収益を上回っている
②TOPIXの収益がマイナスのとき、特に高配当戦略の超過収益は大きくなる
③リスクも高配当戦略の方がTOPIXよりも低い

ことがわかり、ここでも高配当株投資の優位性を読み取ることができます。

(2)アメリカ株

アメリカにおいても高配当株のパフォーマンスは市場平均を上回る傾向にあることがわかっています。

図3-4は、1957年~2003年において、S&P500採用銘柄を配当利回りの高い順から5つのグループに分類し(グループは1年ごとに再分類)、その中から「配当利回り最高」グループ、全体、「配当利回り最低」グループの年率リターンを算出して示したグラフとなります(『株式投資の未来』ジェレミー・シーゲル、日経BP、2005年11月)。

「配当利回り最高」グループのパフォーマンスは、S&P500採用銘柄全体や「配当利回り

図3-4　配当利回りごとのS&P500 年率リターン

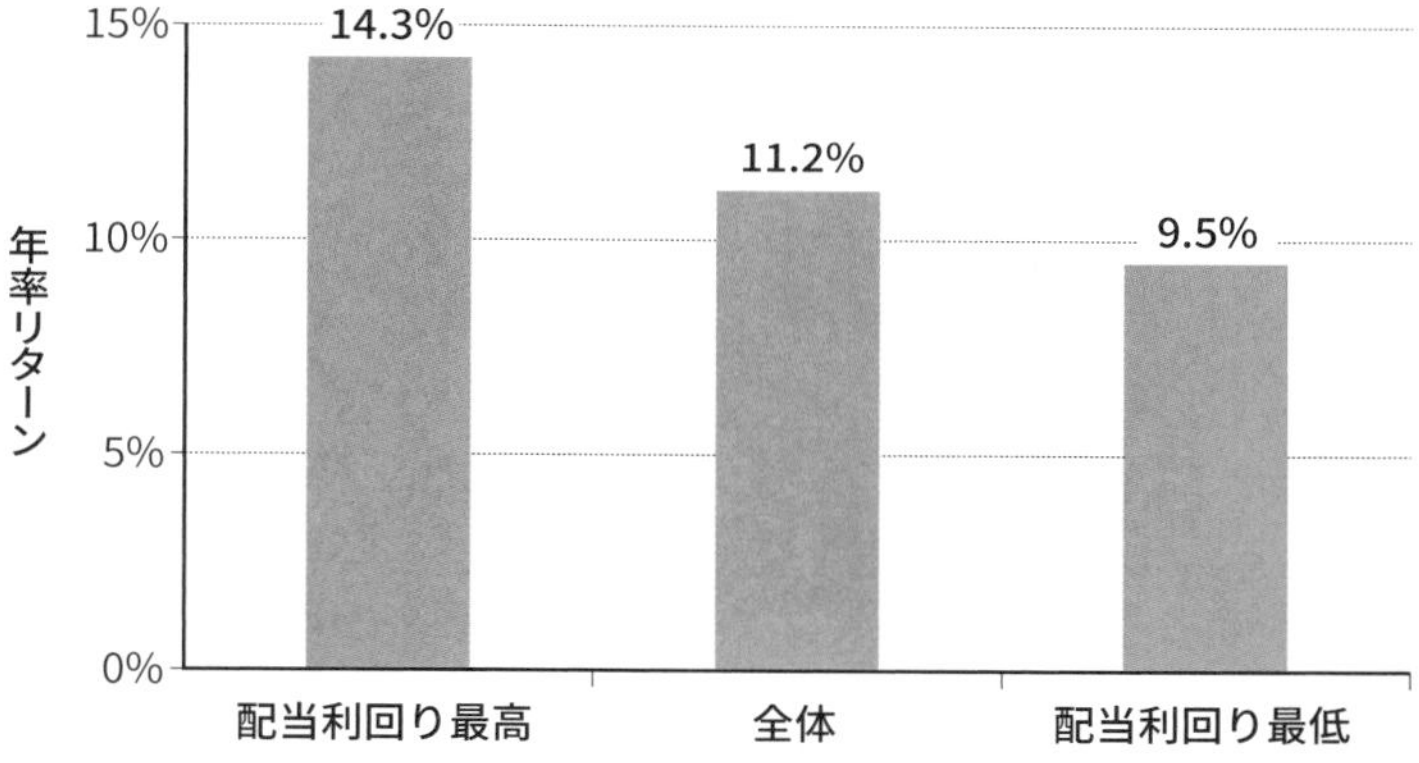

出所：『株式投資の未来』

最低」グループよりも優れており、1957年に1000ドルを投資したときの2003年の資産額は

①「配当利回り最高」グループ：46万2750ドル

②「配当利回り最低」グループ：6万4930ドル

と、7倍ほどの差がつくことがわかっています（「配当利回り最低」グループのパフォーマンスは、低いといっても元値からは約65倍となっており、現金を保有することに比べて十分優位ではありますが）。

また、「株式利回りの獲得」（MSCI、

2015年12月）は、1927年～2015年におけるアメリカ高配当銘柄上位30％のパフォーマンスは、市場全体を年平均で1・5％上回っていたことを示すとともに、高配当株の特性について、次の指摘をしています。

①高配当銘柄のパフォーマンスは、例えば市場が危機に陥った（月間の下落率が8％超となった）時期に市場を年平均12・7％で上回るなど、景気後退期、景気拡大初期、株式市場の混乱期において特に優れていた

②高配当銘柄のパフォーマンスは、金利3％以下の低金利・金利低下時に低くなり、低金利・金利上昇時や金利6％以上の高金利・金利上昇時に高くなる傾向にある[2]

金利上昇時に高配当株のパフォーマンスが高くなる要因としては、金利上昇によってもグロース企業ほど借入コストは増加せず、業績への影響も限定的であることから、相対的に投資家の資金が集まってきやすいことなどが考えられます。

ここまで、高配当株投資のパフォーマンスについて見てきました。

もちろん、市場の状況によって投資手法ごとのパフォーマンスは大きく異なり、これらの結

果だけを見て、

「高配当株投資は他の投資手法に比べて大変優れている。皆さん！　グロース株投資やモメンタム投資を止めて、今すぐ高配当株投資を始めましょう！」

と言うつもりはありません。

ただ、**高配当株投資は優れたパフォーマンスを示すというデータは豊富にあり、少なくとも他に引けを取らない有望な投資手法の一つ**である、と言うことはできるかと思います。

2）超過収益率はそれぞれ、低金利・金利低下時：▼2・6％、低金利・金利上昇時：＋2・4％、高金利・金利上昇時：＋2・8％でした。

5 高配当株のパフォーマンスが高い理由

それでは、なぜ高配当株は多くの局面において優れたパフォーマンスを示しているのでしょうか。

1つ目の理由として、**高配当企業はキャッシュフロー**[1]**を安定して稼げる事業を行っている、財務が強固であるなど、平均的な企業より優れたビジネス基盤を有している**ためと考えられます。

配当金を多く出すには、その分のお金を外部から稼いでくるか、元から十分な内部留保を有しているか、いずれかが必要となってきます。元手がなければ十分な配当金を支払うことはできません。

高配当企業は、その元手獲得に必要な収益性の高い事業を展開している、または元々バランスシート（貸借対照表）[2]が健全であり、事業を行う上で安定性が高いなど、企業として優れた点を多く有しており、その結果として市場平均よりも優れたパフォーマンスを示しているのです。

2つ目の理由として、**高配当企業はコーポレートガバナンス**[3]**が強く、それらの企業は無駄な出費をすることなく着実に成長していくため優れたパフォーマンスを示す**、ということが挙げられます。

先述の「低成長・低金利時代の株式投資戦略」は、高配当株のパフォーマンスが高い理由について、次の通り述べています。

「(高配当戦略のパフォーマンスが高い理由は)高配当が、コーポレートガバナンスの強さを表し、規律の高い経営により高い利益率を維持しているからと考えられる。(〜省略〜)配当を支払わず内部留保に積極的な企業の中には、華美な自社ビル建設や証券投資など利益率の低

1)入ってくる現金と出ていく現金の流れのこと。
2)企業のある一定時点における、資産・負債・純資産の状態を表したもの。
3)健全な企業経営を目指す企業自身による管理体制。

い投資や本業とは直接関係の無い投資を行う企業もある。そうした企業を排除して、安定したキャッシュフローから配当を積極的に支払い、規律高く経営を行っている企業に投資することが、安定した高いパフォーマンスに繋がるのであろう。」

後ほど、第5章でお話しすることと関係しますが、高い配当金を支払う企業は規律が高く、また、規律の高い企業は計画を緻密に立て、それを着実に実行し成長していくことから、高いパフォーマンスが得られるのだと考えられます。

コラム 1

ソース不明？アインシュタインの眉唾な金言

「複利は人類史上最大の発明である」

投資に関する書籍やセミナーなどで、アインシュタインが発した金言としてこの言葉がよく引用されています。しかし、アインシュタインがいつどこでこのような発言をしたのか、ソースが明確に示されたことはありません。投資や金融に関してプロフェッショナルでもないアインシュタインがこのような発言を本当に行ったのか、甚だ疑問に思います。

複利は、一定期間ごとに利息を元本に組み入れ、その元本に対してさらに利息を計算する方法のことを言います。これに対して、発明は「自然法則を利用した技術的思想の創作のうち高度のもの」（特許法2条1項）と定義されますが、計算方法は自然法則を利用するものではないため、計算方法の一つである複利は発明の定義から外れるものとなります。[1]

1902年から1909年までスイス特許庁に7年間勤めていたアインシュタインが、発明についてこのような間違った発言をするとは到底思えません(一部では「発明」ではなく「発見」と訳されていることもありますが、この場合においても、計算方法を「発見」すると表現することについて違和感は残ります)。

この他にもアインシュタインが言ったとされる言葉の中には、「日本が世界の盟主になる」など、確証の取れていないものが多くあります。投資をするときと同様でありますが、誤った情報に踊らされないためにも、本当にその情報は正しいものであるか自分で考え、情報の真偽に疑いが残るときは、少し手間をかけてでもそのソースを確認するようにしましょう。

1) 日本の特許法だけでなく、欧州特許条約でも「科学的論理や数学的方法」は発明として認められておらず、アインシュタインが特許庁時代に働いていたスイスにおいても、当時から計算方法は発明の定義から外れるものであったと推測します。

第4章

実践！　兼業で資産1億円超を達成した投資絶技

1 「配当利回り」「業績」「増配」高配当株の3つの買いポイント

高配当株はどのようにして選べばよいでしょうか。
ここからは、２０２３年6月現在、日本で上場している約３９００社の中から、具体的にどのようにして高配当株を探し、買っていけばよいか、話をしていきたいと思います。

（1）配当利回りが４・０％以上であること

先ほどの章で、「配当利回り３％以上の株については高配当株と言っても差支えないかと思います」と言いましたが、その中でも**配当利回り４・０％以上を買いの基準として設定する**ことをお勧めします。

配当利回り４・０％以上を買いの基準とすることについて、根拠を説明することはなかなか難しいのですが、挙げるとすれば次の３つとなります。

①投資の成績が安定・向上した実績から設定

第1章でもお話ししましたが、株式投資を始めたころ、私は特に明確な売買基準を定めておらず、そのため投資収益は全く安定していませんでした。

しかし、買いの基準を配当利回り4・0％以上に設定して以降、安定して収益を出すことができるようになりました。その経験則から、現在も配当利回り4・0％以上を買い基準として設定しています。

②株式益回りから算出

日本株を買うとき、そのリスクを負担する対価として、投資家は株式益回り[1]6〜7％程度を求めていると言われています（「年金ストラテジー（Vol.270）」ニッセイ基礎研究所、2018年12月）。

この投資家が求める株式益回りのうち、半分よりやや多めの60％程度を配当から得たいとしたとき、その水準は3・6〜4・2％となることから、その範囲内である配当利回り4・0％を買いの基準としています。

1）企業1年間の1株当たり純利益がその株価の何％稼ぐかを示す指標。EPS（1株当たり純利益）を株価で割って算出。PER（株価収益率）の逆数（1／PER）でもあります。

③資産が1億円あったときの平均年収との比較

転職サービスdodaの調査によると、日本の正社員の年収平均は403万円[2]となっています。例えば1億円の資産があり、全額株式に投資したとき、配当金からこの平均年収を得るのに必要な配当利回り水準は、403万円÷1億円＝約4・0％となることから、求める配当利回りの水準も4・0％としています（日本の正社員の年収中央値は350万円であるため、この中央値を基準として配当利回り水準を設定するときは3・5％となります）。

以上のような理由から、配当利回り4・0％以上を買いの基準に設定することをお勧めしますが、将来の事業成長が期待でき、それに伴って増配可能性が高いと判断できるのであれば、配当利回りの基準を3・5％以上とするなど、臨機応変にその基準を下げるとしてもよいでしょう。

2023年5月時点において、配当利回りが4・0％を超えている銘柄は市場全体の10・5％にものぼり（株主優待も考慮するとさらに増えます）、投資候補先を配当利回り4・0％以上の企業に絞ったとしても、選択肢は十分にあると言えます（なお、配当利回りの基準を3・5％以上に設定すると、市場全体の17・7％まで広がります）。

（2）売上・利益が右肩上がりであること（少なくとも利益のブレが少ないこと）

配当は、外部から稼いできた利益か、元々貯めていた内部留保を原資として株主に支払われます。企業の利益が増えれば、配当は増える（増配）可能性が高まりますが、逆に利益が減少または赤字となった場合、配当は減る（減配）、または全く払われなくなる（無配）可能性が生じてきます。

また、単にもらえる配当が増えたり減ったりするだけでなく、増配・減配の発表が株価に大きな影響を与える（増配のときは上昇し、減配のときは下落する）ケースもよく見られます。

増配可能性のある株を買い、減配可能性のある株を避けるようにするため、最低3年、可能であれば過去10年分の売上と利益をさっとでもよいので確認するようにしましょう。

例えばSBI証券の場合、各銘柄の情報が表示されている画面で「業績」ボタンを押すと、図4－1のような過去10期実績分＋今期予想分の売上・利益をグラフで確認することができます。

多少売上や営業利益が減少していた時期があったとしても、直近3年を中心に概ね右肩上が

2）2021年9月～2022年8月の1年間にdodaサービスに登録した人のうち、20歳から65歳までの約56万人が対象。

図4-1　通期業績推移

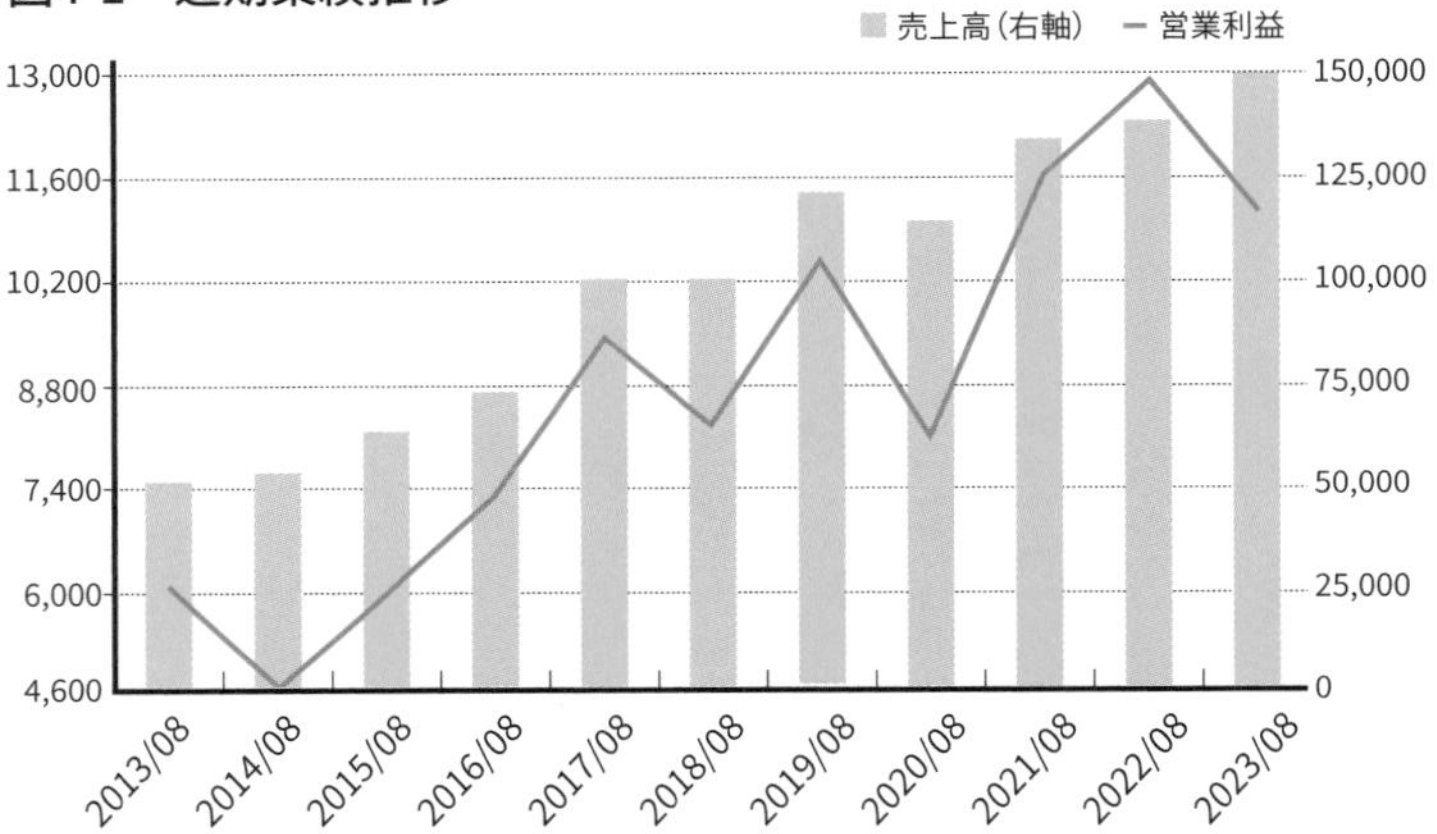

りであれば大きな問題はないとみなしてよいでしょう。また、営業利益が伸びていれば、多少売上が横ばい、または減少していたとしても許容範囲と考えてよいかと思います。

また、会社の売上・利益推移をさっと確認した後は、今後も売上・利益が右肩上がりで伸びていきそうかについて留意しながら、決算説明書や決算短信を読んでいきましょう。

「歴史は繰り返す。一度目は悲劇として、二度目は喜劇として」（カール・マルクス）

との言葉ではないですが、景気の波に応じて黒字・赤字を繰り返している企業は、例え今業績が好調であったとしても、次の景気悪化時に業績が低迷してしまう可能性は高いと言えます。

普段の業績は安定しているものの、コロナ禍など極めて特種な要因によって業績が悪化したというのであれば、それは仕方がないと言えるかもしれません。

しかし、普段から業績が不安定な企業の株を買い、その後業績悪化に伴って減配または無配転落となってしまっても、それは調査や分析が不足していただけで言い訳の余地はありません。

過去の売上・利益の推移を確認して、**できる限り右肩上がりの株を買い、それ以外の株は、他に買い理由がない限り投資対象から外すようにするのがよい**でしょう。

(3) 増配傾向にあること

(2)と関係しますが、増配傾向にある、少なくとも減配される可能性が低いことも高配当株を選ぶ上で重要な項目の一つとなります。原則として減配は株価にとってマイナス材料となります。また、**減配によって高配当株投資家が期待している配当利回りを下回ってしまう可能性も出てきます。こういった事態を避けるためにも、増配傾向にある、少なくとも減配される可能性が低い銘柄を選定する必要があります。**

それでは、企業の配当状況はどのようにして確認すればよいでしょうか。

①会社四季報やIR資料から確認

企業の配当状況は、会社四季報やIR資料から確認することができます。少なくとも会社四季報から確認できる範囲でよいので、ここ最近において減配されていないか確認するのがよいでしょう。

例えば、住友化学（4005）は、2020年3月期以降、2024年3月期予想を含めてここ5年で4回減配されています（うち1回は純利益が増えているにもかかわらず減配されています）。そういった企業は、今後も株主の期待を裏切り減配してくる可能性が高く、投資対象から外した方が無難かもしれません。

逆に、ここ数年増配傾向にある企業は今後も増配が続く可能性が高く、可能な限りそういった増配傾向にある企業、少なくとも減配可能性の低い企業を選ぶことが望ましいでしょう。

なお、増配・減配は業績と連動することも多いですが、業績に関わらず増配を続ける企業もあります。

例えば、三菱HCキャピタル（8593）は、2014年3月期以降、2017年と2021年に営業利益ベースで減益となっていましたが、2023年3月期まで24期増配を続けています。

また、決算説明書などで企業の配当政策について明記されていることもあり、それらIR資料を確認することにより、今後配当金がどうなっていくか予測を立てていくことも有効です。

②外国人投資家と増配企業の関係

少し応用編の話になりますが、外国人持株比率が高い企業ほど増配される傾向にあるとのデータもあります。

「株主構成と株式超過収益率の検証」（光定洋介・蜂谷豊彦「証券アナリストジャーナル」２００９年1月）は、「株主構成と増配との関係を回帰分析してみると、外国人持株比率が高いほど有意に増配している傾向が確認でき、市場志向的ガバナンスの働きやすい株主構成を持つ企業は株主を重視する方向に行動を変化させている可能性があると推定できる」との報告をしています。

外国人株主からの増配圧力がどの程度かかっているかは、会社四季報の【株主】欄に記載されている外国人持株比率を参考にするとよいでしょう。

特に明確な基準はありませんが、だいたい外国人持株比率が25％を超えてくると、会社もその存在を無視できなくなってくるかと思われます。

図４－２は、業種別の２０２１年度外国法人株主比率を表したグラフです（「所有単元株式数別にみた単元株主数」（日本取引所グループ）から著者作成）。

図4-2　業種別外国法人株主比率

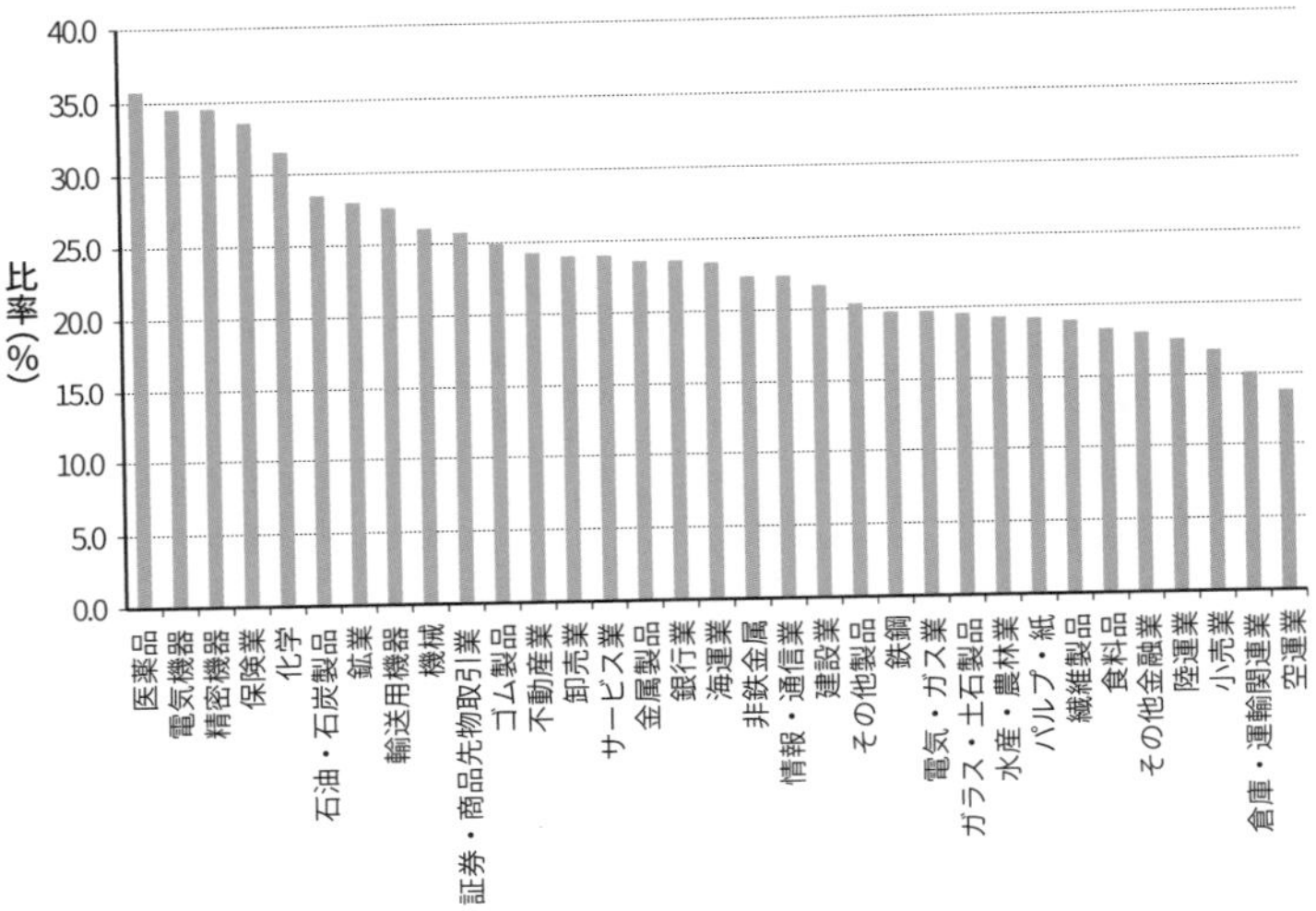

「医薬品」「電気機器」「精密機器」「保険業」「化学」については、外国法人の株主比率が30%を超えており、外国人投資家からの増配や株価上昇へのプレッシャーが比較的大きい業種であると思われます。

一方で、「空運業」「倉庫・運輸関連業」「小売業」は、外国法人の株主比率が比較的低く、増配や株価上昇へのプレッシャーは先述の業種ほどではないと思われます。

世界各国で商品・役務を提供している業種は外国法人株主比率が高く、商品・役務の提供が比較的日本国内に限定されることの多い業種はその比率が低い傾向にあるようです。

もちろん、図4－2の外国法人株主比率は業種ごとに見た傾向であり、実際に投資をするときは、個別企業ごとに株主構成を確認する方が望ましいですが、外国法人持株比率の高い業種と低い業種の傾向は頭の片隅に置いておいていいかもしれません。

（4）株価が割高でない＝配当性向が高すぎないこと

株価が割高でないことは高配当株を買う上で重要なポイントの一つとなります。

ＰＥＲは、だいたい18倍以下であることが望ましいでしょう。**ＰＥＲが18倍を超える高配当企業は、配当性向が高くなりすぎている**とも言えます。

配当性向は、会社が当期純利益のうち、どれだけを配当金の支払いに充てたかを示す指標で、

・配当性向＝1株当たりの配当金÷1株当たりの純利益×１００

から算出されます。

また、例えば、ＰＥＲが18倍で配当利回りが4・5％の企業の配当性向は、

・配当利回り＝1株あたりの配当金÷株価×１００

・PER＝株価÷1株当たり純利益

の式も用いて、

配当性向＝1株当たりの配当金÷1株当たりの純利益×100
＝（配当利回り×株価÷100）÷（株価÷PER）×100
＝配当利回り×PER
＝4・5％×18倍
＝81％

と求めることができます。

配当性向が高いということは、得られた純利益の多くを配当金に充てており、今後業績が大きく伸びない限り、増配余地は小さいということを示しています。

また、業績が安定していればいいのですが、業績悪化により得られる純利益が少なくなれば、その分減配される可能性も高くなります。

配当性向はだいたい50％を超えてくると少し高いかなという印象になります。

また、ＰＥＲと配当性向ともに高い高配当株は、今後業績が伸びない限り、株価の上昇によるキャピタルゲインを狙うことも難しくなります。

もちろん、高配当株を買うときは、ＰＥＲの他に営業利益成長率、営業利益率などの指標や、配当政策、ビジネスモデルなども参考にする必要はありますが、スクリーニングを簡易にかけるのであれば、だいたいＰＥＲ18倍以下を条件とすればよいかと思います。

今後の増配や株価上昇が期待できる銘柄を選択するためにも、できる限りＰＥＲと配当性向が高すぎない高配当株を買うことをお勧めします。

（5）3つの買い理由

ここまで高配当株を買うときのポイントについてお話ししてきましたが、株を買うときは、次のように買いの理由を３つ端的に言えるようにしておくとよいでしょう。

・買いの理由の例

①配当利回り４・5％と高配当であること

②ここ5年間、減配されていないこと

③ここ3年毎年売上が平均10%以上伸びているにもかかわらず、PERが10倍台であること

後で確認できるようにするため、可能であればどこかにメモをしておくか、X（旧Twitter）でつぶやくなどすることをお勧めします。

もし、株を買った後、期待に反して株価が下がっていったとしても、買ったときの理由が崩れていなければ、保有を継続しても問題ないと考えます。

また、買いの理由はできるだけ数字を用いるなど、定量的に示せるものである方がよいでしょう。定量的に示せるものであれば、買ったときの理由が崩れたときの判断や成功したときの再現がしやすくなるためです。

後ほど詳しく説明しますが、例えば、先ほど買いの理由の例で書いた①〜③の理由から株を買ったものの、その後減配され、配当利回りが2・0%程度まで下がったとします。そのときは、買いの前提であった理由①②が崩れてしまっているため、その株は売ってしまってもよいでしょう。

また、①〜③の理由で株を買い、見事に多くの利益が得られたときは、同じ条件でスクリーニングすることにより、成功再現可能性の高い銘柄を再び見つけ出すことも可能となります。

これがもし例えば、どことなく社長が魅力的であるからとか、何となく決算が良さそうだからなど、感覚による理由で株を買っていた場合、その後株価が下がったとしても買いの前提が崩れているか、損切りした方がよいかどうかの判断が難しくなってきます。

また、主観的な理由で買っているため、成功したとしても同じような銘柄をスクリーニングから探すことが難しく、投資の再現性も限定的なものになってしまいます。

今、投資の成績が安定していない人や、株価急落時に動揺して売ってしまうことが多い人は、株を買う理由が明確でないため、そのような結果・行動となってしまっていないでしょうか？

安定した投資パフォーマンスを継続するためにも、数字を用いながら、買いの理由を３つ端的に説明できるようにしておくとよいでしょう。

（6）分散投資と集中投資

できる限り幅広い銘柄に分散投資をした方がよいか、少ない銘柄に集中投資をした方がよいか、議論が分かれるところではあります。

図4-3　「億超え投資家」の保有銘柄数

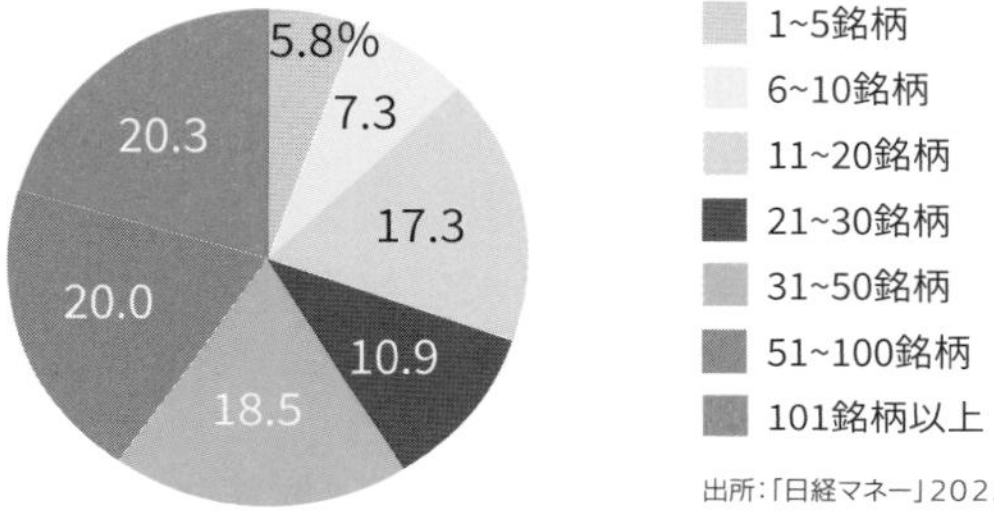

出所：「日経マネー」2023年8月号

①億超え投資家の保有銘柄数

実際成功している投資家はどのくらいの銘柄に投資をしているのでしょうか。

図4－3は、保有資産が1億円を超えている「億超え投資家」の保有銘柄数を表した円グラフです（「日経マネー」２０２３年８月号）。**13%ほどの「億超え投資家」は10銘柄以下に集中投資をしている一方、20%ほどの「億超え投資家」は１０１以上の銘柄に分散投資しています。**

「億超え投資家」の中にも集中投資でお金を増やす人、分散投資でお金を増やす人、両方のタイプがいるようです。

そのような中、私はリスクを下げ、確実にお金を増やしていくためにも分散して投資することをお勧めしたいと思います。

②リスクとは

ここでの「リスク」は、投資収益がプラスになるのかマイナスになるのか変動する可能性のことを指します。

例えば、グロース株は日々の値動きが大きく、比較的リスクが大きいと言えます。一方で、業績が景気動向に左右されにくいディフェンシブ株は値動きの幅が小さく、比較的リスクが小さいと言えます。

また、リスクは「変動する可能性」を指すものであって、必ずしも予想外の損失だけを指すものではありません。予想以上の利益が得られる可能性も、リスクの一つに該当します。

資産の変動幅であるリスクは、複数の株に分散投資することにより、下げることができます。

例えば、保有資産の全額をA社に集中投資するとした場合、A社の株価が10％上昇すれば、資産全体も10％増えることになり、逆にA社の株価が10％下落すれば、資産全体も10％減ることになります。

一方で保有資産の半分ずつをA社とB社に分散投資するとした場合、A社の株価が下落したとしても、B社の株価が上昇すれば、それぞれの上昇・下落分が埋め合わせされ、資産全体の変動幅はよりマイルドなものとなります。

③集中投資と生存者バイアス

先ほど、集中投資よりも分散投資の方がお勧めであると申し上げました。

もちろん、ハイリスクを取ってでも一気に資産を増やしたいというのであれば、分散投資よりも集中投資の方が有効であることに異論はありません。

投資で財をなした人が、自身の体験をもとに「株式投資で成功したいのであれば集中投資をするべきだ」と話をしているのもよく見かけます。

しかし、それらの話には生存者バイアスがかかっていることを忘れてはいけません。

生存者バイアスは認知心理学の用語で、成功した人物・物事のみに注目し、失敗したものを顧みないことを意味します。

生存者バイアスの例として、ウォールドによる第二次世界大戦時の戦闘用飛行機の分析が挙げられます。アメリカ軍が戦闘から帰還した飛行機を調べたところ、コックピットとエンジンには弾痕が無かったことから、海軍分析センターの研究者は、コックピットとエンジン以外の装甲を強化すべきだ、と主張しました。

しかし、ウォールドはそれと逆に、コックピットとエンジンこそ強化すべきだ、と主張をしました。コックピットやエンジンに被弾した機体は、それが致命傷で帰還できなかったためだろうと推測されたためです。

集中投資によって一気にお金が増えた、と成功箇所のみがよくクローズアップされますが、それらの集中投資による成功の陰に、一気にお金を失ってしまった無数の失敗者がいるということも忘れてはいけません。

④バフェットの視点

それでは分散投資と集中投資について、アメリカの著名投資家であるバフェットはどのようなスタンスを取っているのでしょうか。

『株で富を築くバフェットの法則』の著者であるロバート・G・ハグストロームは、これに関して次のように述べています。

「バフェットは少数の銘柄に投資を集中させることをフィッシャーから学んだ。リスクを小さくするため、卵をいくつかのカゴに分けることを投資家に教えることは間違いだと、バフェット自身は確信している。銘柄数が多すぎると、多くのカゴに分散された銘柄すべてに目が届かないと感じているからである」

一方で、バフェット自身は2013年、バークシャー・ハサウェイの株主への手紙の中で次のように述べています。

「プロではない投資家の目的はパフォーマンスの良い銘柄を選ぶことではないし、それを実際に行うことは本人もそのアドバイザーにも難しいだろう。むしろ大切なことは幅広く横断的に投資することだ。S&P500に連動する低コストのインデックスファンドに投資することによりこの目的は達成できるだろう」

これら2つのコメントから、バフェットは分散投資と集中投資について、次のような考えを持っているのではないかと推測されます。

「投資を生業としているプロの投資家であれば、集中投資により資産を増やしていくことが望ましい。しかし、プロではない一般の個人投資家であれば、過度なリスクを取らず、幅広く分散投資を行うのがよいだろう」

プロの投資家として、確実に利益を出すことができるのであれば、集中投資の方が良いパフォーマンスを生み出すことができるのかもしれません。しかし、**プロの投資家と言えるほどの知識、経験、時間、自信がないと言うのであれば、分散投資をしてリスクを下げることによって、より堅実に資産を増やしていく方が望ましい**のではないかと考えます。

⑤時間分散

投資を時間軸で考える場合においても、私は株を一度にまとめて買うよりも、分散して買うことをお勧めします。

株を一度に買ってしまうと、その後全体的に株価が下がったときや、新たに将来有望な銘柄が見つかったときなど、持っている株を売らない限り、新たに株を買い付けることができなくなってしまうからです。

その他、投資信託などを積立買付けするときは、安値時において購入数量が増え、高値時において購入数量が減るため、平均取得単価を抑える効果も期待することができます。

いずれにしても、余力を残しながら投資時期を分散させることで、相場の変動時などでも臨機応変に対応できる状態にしておくのが望ましいかと考えます。

ここまで、分散投資と集中投資についてお話をしてきました。

もちろん、いつまでにいくらお金を増やしたいのか、どれだけリスクを取ることができるのかなど、投資をする人の事情・状況によって、どの手法を取るべきかは変わってきます。

しかし、**もしできる限りリスクを下げ、確実に資産を増やしていきたいと考えるのであれば、集中して投資をするよりも分散して投資をする方が、その目的の達成確率は高まる**かと思われます。

2 高配当株を探し当てる2つの方法

ここからは、高配当株の探し方について話をしていきたいと思います。

高配当株を探す方法は、主に次の2つがあります。

（1）スクリーニングにより自ら探す方法

（2）マネー誌やX（旧Twitter）などの外部情報から探す方法

（1）スクリーニングにより自ら探す方法

1つ目は、**株式スクリーニングツールを利用して、特定の条件や基準に合致した銘柄を探す方法**です。

スクリーニングツールは、ＳＢＩ証券をはじめとする各証券会社の他、「バフェット・コード」や「FISCO」などのサイトでも無料で利用することができます。「スクリーニングツール」で検索すれば色々出てきますので、自分にあったものを使うとよいでしょう。

私は高配当株をスクリーニングツールから探すときは、

①配当利回り3・8%以上
②PER18倍以下

を条件として設定し、検索にかけています。

先ほど、高配当株の買いポイントとして、「配当利回りが4・0%以上であること」を一つの条件として挙げました。

スクリーニング時は、もう少し株価が下がれば配当利回り4・0%以上の条件を満たすことになるであろう銘柄や、高い成長性や魅力的な事業から、多少配当利回り4・0%を下回っていても買いたくなるような銘柄も抽出したいため、配当利回り4・0%よりも少しハードルを下げた3・8%以上を条件としています。

私はできる限り数多くの銘柄を見たいということもあり、比較的広い条件で検索をかけていますが、はじめから財務が強く、稼ぐ力のある高配当銘柄を抽出したいというのであれば、自己資本比率[1]、ROE（自己資本利益率）、売上高営業利益率などを設定条件に追加してもよいでしょう。

例えば、**先ほど示しました①配当利回り3・8％以上、②PER18倍以下の条件に加えて、自己資本比率50％以上、ROE12％以上、営業利益率10％以上などの条件を追加すると、はじめから財務・収益力ともにより優れた企業を抽出することができます。**成長性も重視したいのであれば、過去5年平均営業利益成長率3％以上などを条件に加えてもよいでしょう。

また、2023年3月に、東京証券取引所が低PBR企業に対して改善を要請したことにより、今後株価対策や改善策を講じる低PBR企業が増えてくることも予想されます。

そのような、これまで割安で放置されていた低PBR企業を探したいときは、例えばPBR0・8倍以下などを条件に追加してもいいかもしれません。

スクリーニング条件は、ご自身が探したい企業にあわせて、適宜変えていってください。

（2）マネー誌やX（旧Twitter）などの外部情報から探す方法

①マネー誌

「ダイヤモンドＺＡｉ」や「日経マネー」などのマネー誌から高配当株を探すというのも有効です。近年の高配当株に対する個人投資家の関心の高まりから、高配当株を特集とした号の売れ行きはよく、これらマネー誌では、定期的に高配当株に関する特集記事が掲載されています。

マネー誌では、投資や金融専門の担当者が記事を書いており、**将来の株価は誰にもわからないという前提ではありますが、一定の信頼性と品質は保証されている**と言えます。また、株をはじめとする金融情報が、図・表・チャートなどにより視覚的にもわかりやすくまとめられていて、（私だけかもしれませんが）読んでいて楽しい気分になってきます。

②Ｘ（旧Twitter）

使い方には少し注意が必要ですが、Ｘ（旧Twitter）による情報収集も有効です。

Ｘ（旧Twitter）では、多くの個人投資家が銘柄に関するポスト（ツイート）をしています。決算説明書や決算短信など企業が発信する情報から、今後の株価に影響がありそうな重要ポイントが解説されていたり、専門性の高い、独自かつ有益な見解が述べられていたりすることもよくあります。自分と同じ意見・視点、自分とは異なる意見・視点ともに、勉強になること

1）総資本のうち自己資本が占める割合のこと。なお、金融業は、預金などの他人資本（負債）を元手に運営しており、金融業以外の企業と比べて自己資本比率が低くなることに注意が必要です。

も多く、うまく活用すれば、非常に有効な情報源となります。

一方で取るに足らない、自分の投資判断を誤らせるような有害な情報もX（旧Twitter）上には蔓延《はびこ》っています。有用な情報を仕入れるのと同じくらい、もしくはそれ以上に有害な情報をシャットアウトすることも重要となってきます。

X（旧Twitter）から情報を仕入れるときに重要なことは、自分にとって有用なアカウントを見極めることです。**フォロワー数が多い＝有用なアカウントであるとは限らないことに注意**が必要です。そして、X（旧Twitter）上の情報を完全に信じるのではなく、必ず自身でもその情報に関するリサーチをしたり、その情報について考えたりするようにしましょう。

有用なアカウントを選択し、自身でも考えるクセを付けるようにすれば、X（旧Twitter）は株式投資を行う上で、非常に有用なツールとなり得ることでしょう。

（3）会社四季報・IR情報の確認

先述の方法などにより面白そうな企業を見つけたら、次は会社四季報から企業の概要を確認するとよいでしょう。

会社四季報は四半期に1回発売され、東京証券取引所等に上場している各企業の情報がまとめられている辞書のように分厚い季刊雑誌です。紙の会社四季報を買って読むとしてもいいですし、ＳＢＩ証券や楽天証券などで証券口座を開設していれば、ログイン後の証券会社サイトから閲覧することもできます。

会社四季報は、売上高、利益、資産、負債などの財務・業績データから、会社の業界立ち位置や市場トレンドなどの業界動向まで、様々な企業情報が詳細かつコンパクトに掲載されています。

会社四季報を確認するときは、少なくとも事業の内容や状況、過去3年＋来期の業績と配当の状況を見るようにしましょう。さらに詳しく調べたいと思ったときは、企業のホームページから決算説明資料、決算短信、中期経営計画などのＩＲ[2]情報を確認するとよいでしょう。

スクリーニングから出てきて面白そうだなとの印象を持った企業でも、決算説明資料を読んでみると、将来の事業計画に自信を感じられず、少し様子を見ておこうかな……と思うこともよくあります。自分自身が納得する投資を行うためにも、会社四季報や企業発信のＩＲ情報を確認するクセを付けることをお勧めします。

2）Investor Relations。企業が株主向けに経営状況や財務状況などを広報するための活動のこと。

3 「高配当」×「高成長」のお宝銘柄は確実に存在する

ここまでは、どのような高配当株を買えばよいか、どのようにして高配当株を探せばよいかについて話をしてきました。ここからは、高配当株投資をするに当たって気を付けた方がいい点について話をしていきます。

（1）成長性の低い銘柄が多い

企業は利益の一部や内部留保を原資として株主に配当金を支払います。

企業が得た利益の多くを配当金に充てる場合、次の事業への投資が疎かになり、結果としてその企業の成長が限られてしまう可能性が出てきます。

利益が成長事業に再投資されていれば、売上や利益は伸び、企業価値の向上とともに、多くのキャピタルゲインが得られたかもしれません。しかし、利益の大半が株主に配当されること

図4-4　配当利回りと成長率

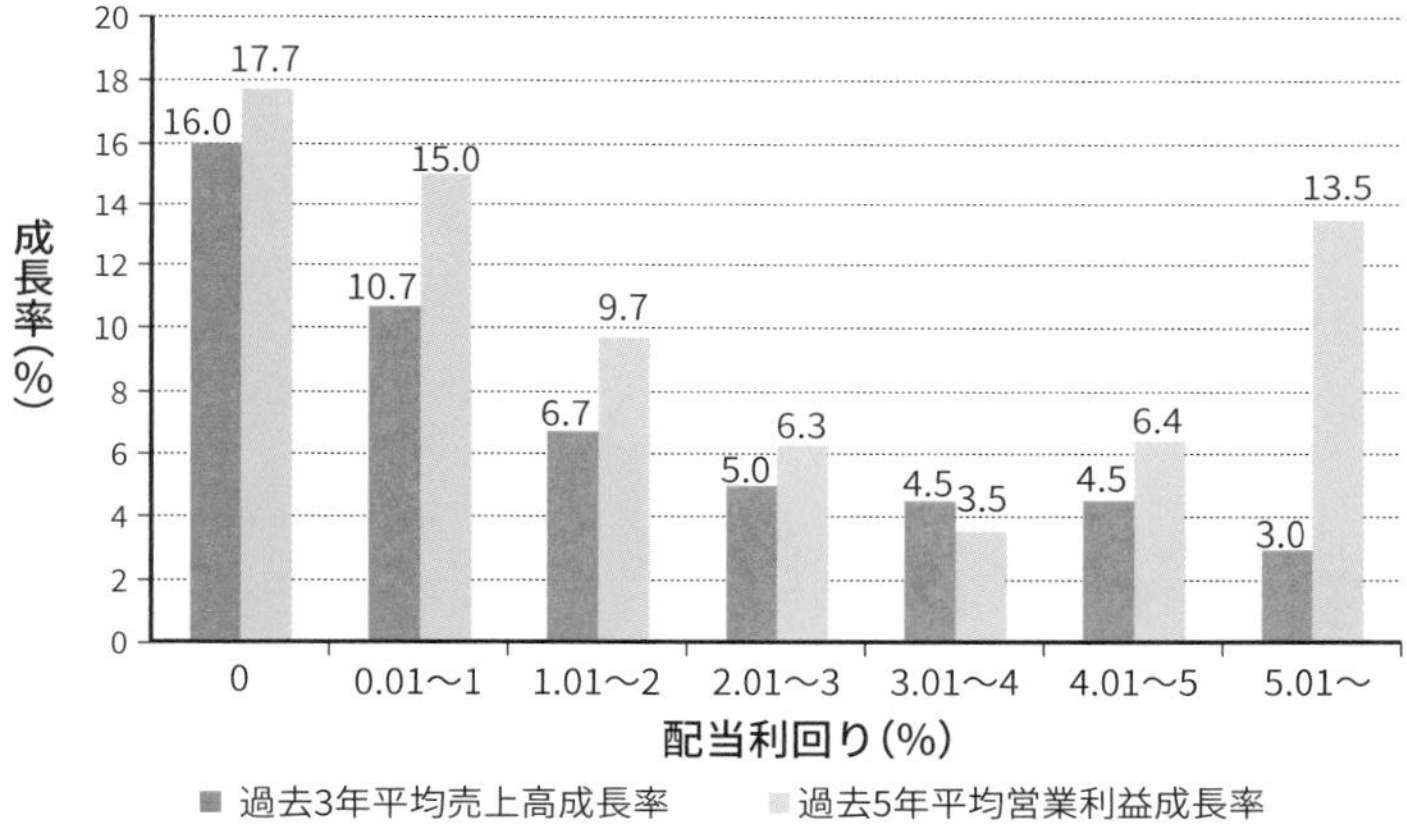

で、企業価値は高まらず、結果として、成長事業に投資されていれば得られたかもしれないキャピタルゲインが得られなくなってしまう可能性が生じるのです。

高配当銘柄と成長性との関係について、実際に見てみましょう。

図４－４は、２０２３年６月時点における、配当利回りと、過去３年平均売上高成長率および予測を含む過去５年平均営業利益成長率との関係を表したグラフです（データはＳＢＩ証券のスクリーニングから取得）。

売上高成長率、営業利益成長率ともに無配の会社が一番大きく、配当利回り４％までは、配当利回りが高くなるほど、売上／営業利益いずれの成長率も下落傾向にあります。

ここで興味深いのは、**配当利回り水準が上がるに従い、売上成長率はほぼ一貫して下がっているのに対し、営業利益成長率は配当利回り3・01〜4%を底にV字で上昇を見せている**ことです。

配当利回り5%以上の企業には、コロナ禍での特需により業績を大きく伸ばした海運会社など特殊要因を含む企業もいくつか含まれていますが、売上の成長はあまり見込めないながらも、コスト削減や業務合理化などによって何とか利益を捻出し、その利益に基づいて配当金を支払っている企業も多く含まれているものと推測されます。

それでは、配当利回りの高い企業は成長性が期待できず、キャピタルゲインは得られないものと諦めなければならないのでしょうか？　**私は決して成長性やキャピタルゲインを諦める必要はないと考えます。**

確かに、配当利回りの高い企業には、成長性の乏しい企業が多いというのは事実です。しかし、それでも配当利回りが3%以上かつ過去5年平均営業利益成長率が10%以上の企業は全体の6・9%あり、配当利回りが3%以上かつ過去3年平均売上成長率が10%以上の企業は全体の2・4%存在しています。**個別で探せば、配当金を支払いながら高い成長率を維持している**

企業も多く見つけることができるのです。

高配当企業は成長性がないからダメと初めから決めつける必要はありません。スクリーニングツールを駆使するなどすれば、まだ世間ではあまり知られていない、キャピタルゲインもインカムゲインも狙える銘柄が見つかるかもしれません。

実際、私の保有銘柄の中にも、配当狙いで買ったにもかかわらず、その後増収増益を続け、大きな含み益が得られている・実現益が得られた銘柄も多くあります。

例えば、超純水装置を開発・販売する野村マイクロ・サイエンス（6254）は、高配当株として2019年10月に666円で購入してから、3年8か月でテンバガー[1]を達成しました。購入当時の配当利回りは4・5％ほどで、出来高も少なく不人気な状態が続いていました。しかし、その後半導体需要増の流れに乗り、売上・利益は急拡大し、短期間で株価も大きく上昇しました。

その他にも総合商社の三井物産（8031）は、好調な業績や株主還元の強化に加えて、バ

1）株価が10倍になること。

フェットによる投資が明らかになったことで、2018年11月に1779円で購入してから4年7か月で株価は3・3倍になりました。

その他、地味な銘柄ではありますが、工業・車載機器向けコネクターのケル（6919）、ニュージーランド向け中古自動車輸出のオプティマスグループ（9268）、鉱物・金属素材、特殊ポンプ等専門商社のラサ商事（3023）など好調な業績に基づき、買ってから数年で株価が倍以上になった高配当株は数多くあります。

高配当株だからといってキャピタルゲインが狙えないということはありません。定期的に多くの配当をもらいながら、キャピタルゲインも得られるような銘柄を探し出していきましょう。

（2）減配される可能性がある

高配当株に投資するときは、業績の安定性や財務状況を調べ、極力減配リスクのある企業には投資しないよう気を付ける必要があります。

①業績の安定性

企業は利益減少時やキャッシュフロー悪化時などに、配当金を減らす（減配する）可能性があります。特に赤字転落時には、配当金をゼロにする（無配とする）可能性も出てきます。
減配・無配になると単に配当金が減るだけでなく、株価が大きく下落することも多いことから、**高配当株であっても、業績悪化の可能性がある銘柄には注意する必要があります。**

例えば、２０１６年頃、大塚家具（２０２１年上場廃止）は配当利回りが７％を超える高配当銘柄の一つでした。しかし、２０１６年以降業績が大きく悪化したことにより、２０１８年には無配転落、２０２１年には株式交換でヤマダホールディングス（９８３１）の完全子会社となり市場から姿を消すことになってしまいました。

大塚家具の場合、父親と娘が争い、委任状を獲得するため配当金を多く出していた[2]という個別の事情があったのですが、そういう事情を抜きにしても、**単に高配当株だから買うというのではなく、きちんと企業ごとに事業の将来性を見極めた上で投資をしていくことが重要**です。

②財務の安定性

財務基盤が弱いにもかかわらず配当金を多く出している企業にも注意しましょう。
財務が盤石であれば、多少業績が悪化したとしても、内部留保から配当金を支払うことは可

2）２００９年から２０１７年までの間、２０１３年を除いて、毎年配当性向が１００％を超えるか、赤字に関わらず配当金を出していました。

表4-5　自己資本比率と倒産確率

自己資本比率	倒産確率
債務超過（マイナス）	1.78%
0%～10%台	0.28%
20%台	0.09%
30%台	0.10%
40%台	0.05%
50%台	0.02%

出所：リスクモンスター

能です。しかし、財務が弱いと、多少の減益でも減配されてしまう可能性が高くなってきます。

財務状況を簡単に調べるには、まず自己資本比率を確認すればよいでしょう。

業種によっても異なりますが、だいたい自己資本比率が25%を下回る企業については、少し注意が必要となってきます。財務状況が気になったときは、銀行からの借入金はどのくらいあるのか、流動比率[3]はどのくらいであるか、そもそも今後も継続して利益が得られる事業を行っているのかなど、より詳細に分析を行うのがよいでしょう。

配当とは少し離れますが、表4-5は自己資本比率と倒産確率の関係を示す表です（出所：リスクモンスター）。「倒産」という観点から見ると、**自己資本比率が0%～10%台の企業は、20%台の企業に比べて倒産確率が約3倍となり、債務超過の企業は自己資本比率が20%台の企業に比べて倒産確率が約20倍になる**ことがわかります。

③株価のトレンド

高配当株の中には、

・投資家が将来の業績や配当の継続性に不安を抱く
↓実際、決算が発表される前に株価は先行して下落する
↓結果として、配当利回りは高くなっている

という場合もあります。

そういった銘柄は、後から業績の下方修正や減配が発表されることも多くあります。株価が右肩下がりのときは悪材料が隠れていることもあるため、決算を確認してから、または75日移動平均線を上回るなど株価の底打ちを確認してから買いを入れるようにする方がよいでしょう。

3）1年以内に現金化できる「流動資産」を1年以内に返済すべき「流動負債」で割ったもの。一般的に120％以上であれば安全と言われます。

（3）記念配当・特別配当により高配当となっている場合がある

配当金の種別には、普通配当の他に次のような記念配当や特別配当があります。

- **記念配当：会社の創立や創業後○○周年などを記念し、増配されるもの**

例えば、フジ・メディア・ホールディングス（4676）は、「認定放送持株会社移行15周年」および「フジテレビジョン開局65周年」を記念し、2023年3月期に1株あたり10円の記念配当が実施されました。

- **特別配当：利益が増加した場合などに「特別」という名目で増配されるもの**

例えば、ドリームインキュベータ（4310）は、アイペットホールディングスなど事業投資先の株式売却により181億円の特別利益を得て、2019年3月期以降続いていた無配から、2023年3月期に191円の特別配当（普通配当なし）を実施しました。

2006年度〜2010年度において、有配企業に対する記念配当実施企業の割合は7・

表4-6　配当実施企業の次期配当予想とその実績

当期の増配部分を次期に	特別配当		記念配当		普通増配	
	会社予想	次期実績	会社予想	次期実績	会社予想	次期実績
同額以上減配	67%	41%	65%	34%	7%	13%
同額据置または増配	29%	36%	29%	48%	90%	85%

出所：「特別配当の実態分析」

5％、特別配当実施企業の割合は2・8％でした（「特別配当の実態分析」石川博行「経営研究」2011年11月）。

記念配当・特別配当の支払いは、原則一度限りとなります。特定の記念日やイベントに基づき記念配当が支払われる場合や、土地や有価証券の売却などにより得られた特別利益から特別配当が支払われる場合など、一時的な要因により高配当となっている場合があります。

高配当株を買うときは、その配当の種類が普通・記念・特別配当のいずれであるかを確認するようにしましょう。なお、配当の種類は、会社四季報の配当欄で確認することができます。特別配当を含む場合は「特」と、記念配当を含む場合は「記」と記載されています。

それでは、記念配当・特別配当を実施した企業は、次期、記念配当・特別配当分の配当金はなくなってしまうと考えるのがよいでしょうか。

表4－6は、特別配当・記念配当・普通増配を実施した企業の次期配当予想とその実績をまとめた表です（前掲「特別配当の実態分析」）。

まず、普通増配の場合、「同額据置または増配」した企業（85％）は、「同額以上減配」した企業（13％）を大きく上回っており、企業は一度増配したときは、その後減配されにくくなることがわかります。

特別配当を見てみると、「同額据置または増配」した企業（36％）の割合が意外に大きく、「同額以上減配」した企業（41％）と5％程度しか変わりません。

記念配当に至っては、「同額据置または増配」した企業（48％）の割合は、「同額以上減配」した企業（34％）を14％も上回っています。

先ほど、「記念配当・特別配当の支払いは、原則一度限り」と言いましたが、**実は記念配当や特別配当を実施した企業のうち、「一度限り」の支払いとなる企業と同じくらいの企業が次期も記念・特別配当以上の配当を実施しているのです。**

また、記念配当・特別配当実施企業ともに、次期の配当実績は、期首の会社予想を上回っています。多くの企業は、はじめ保守的な配当予想を立て、業績の進捗を見ながら、配当金を支払っても問題ないと確認した後に、実際、配当金を増額する傾向にあることがわかります。

記念配当・特別配当分の配当が次期も継続されるかを見極めることはなかなか難しいことではありますが、先ほど示した記念配当・特別配当の傾向を頭の片隅に置きつつ、企業が稼ぐ利益を軸として将来支払われる配当金を予測していくのがよいでしょう。

（4）会社の規模

高配当株投資について書かれた本や記事の中には、スクリーニング条件に時価総額の大きさを含めることを推奨しているものもあります。その主な理由として、時価総額の大きな銘柄は、内部留保に厚みがあるなど財務が良好かつ収益基盤が安定的で、市場環境の変化による業績への影響が少ないことなどが挙げられています。

しかし、**私は高配当株投資をするに当たって、時価総額の大きさはあまり重要でないと考えています。**

図4－7と4－8は、時価総額・配当利回りごとに、3年平均売上成長率、5年平均営業利益成長率（ともに予想含む）、自己資本比率の平均を並べたグラフです（2023年9月時点。金融関連の業種を除く。データはSBI証券のスクリーニングから取得）。

図4-7　時価総額ごとの5年平均営業利益成長率・3年平均売上成長率平均

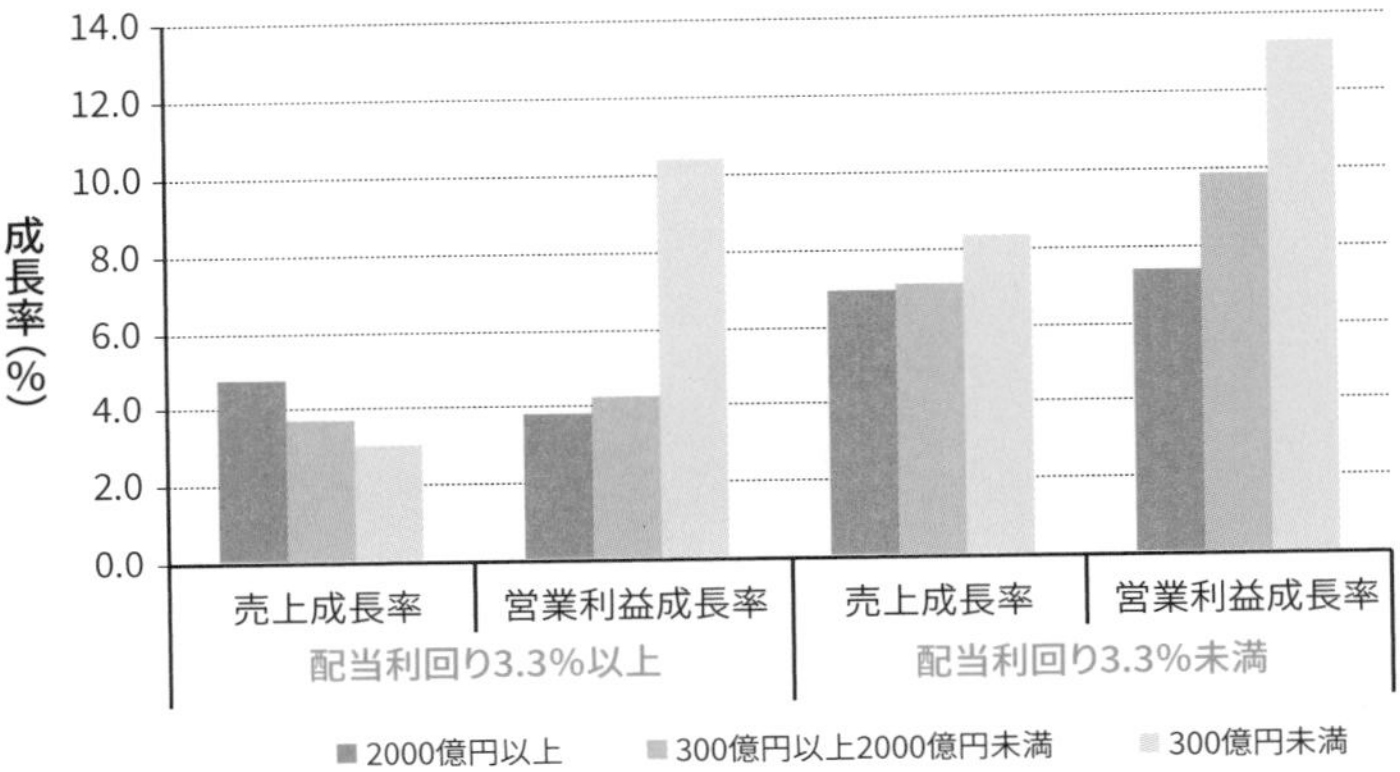

図4-8　時価総額ごとの自己資本比率平均

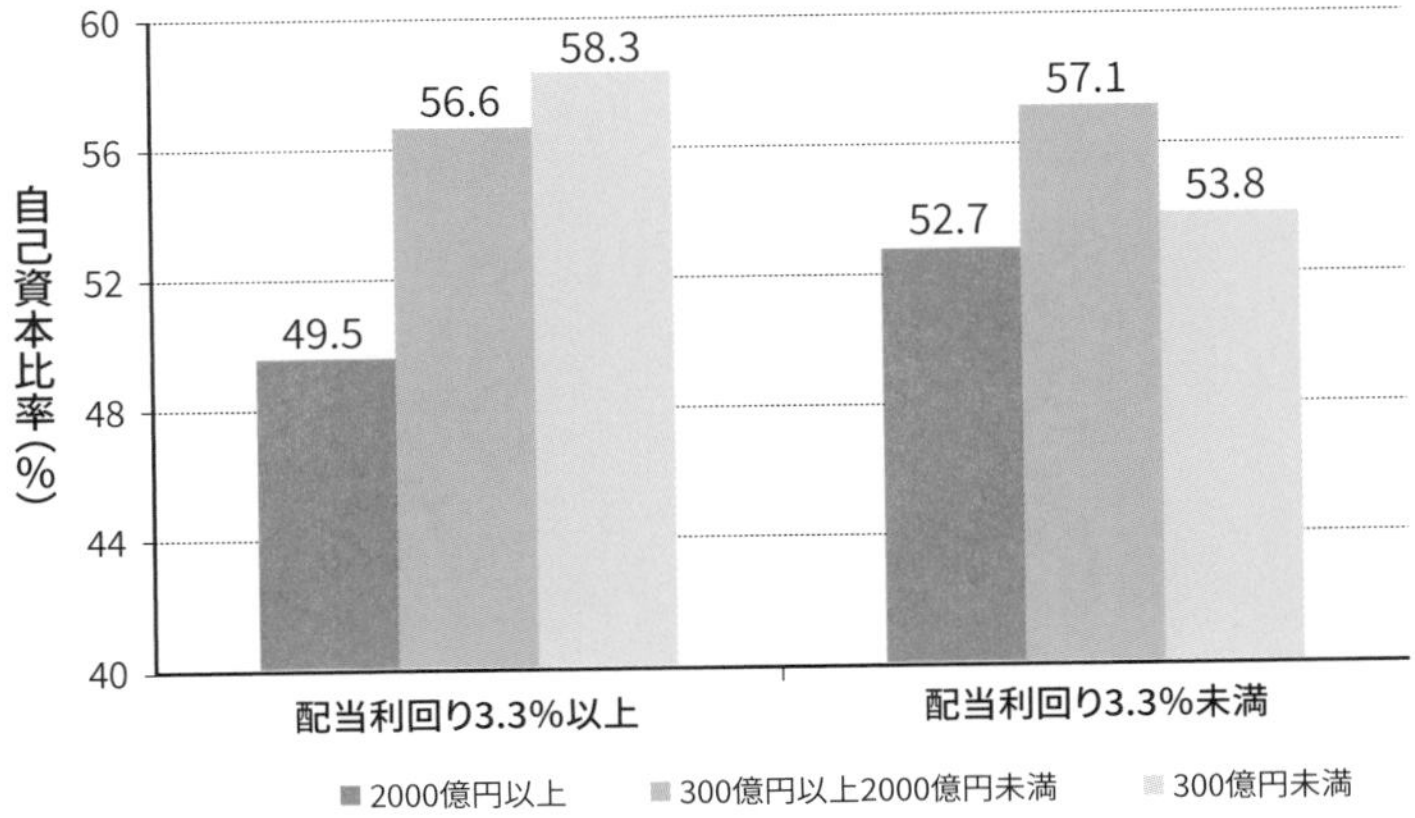

図4-9　配当利回り3.3%以上・時価総額ごとの各指標標準偏差

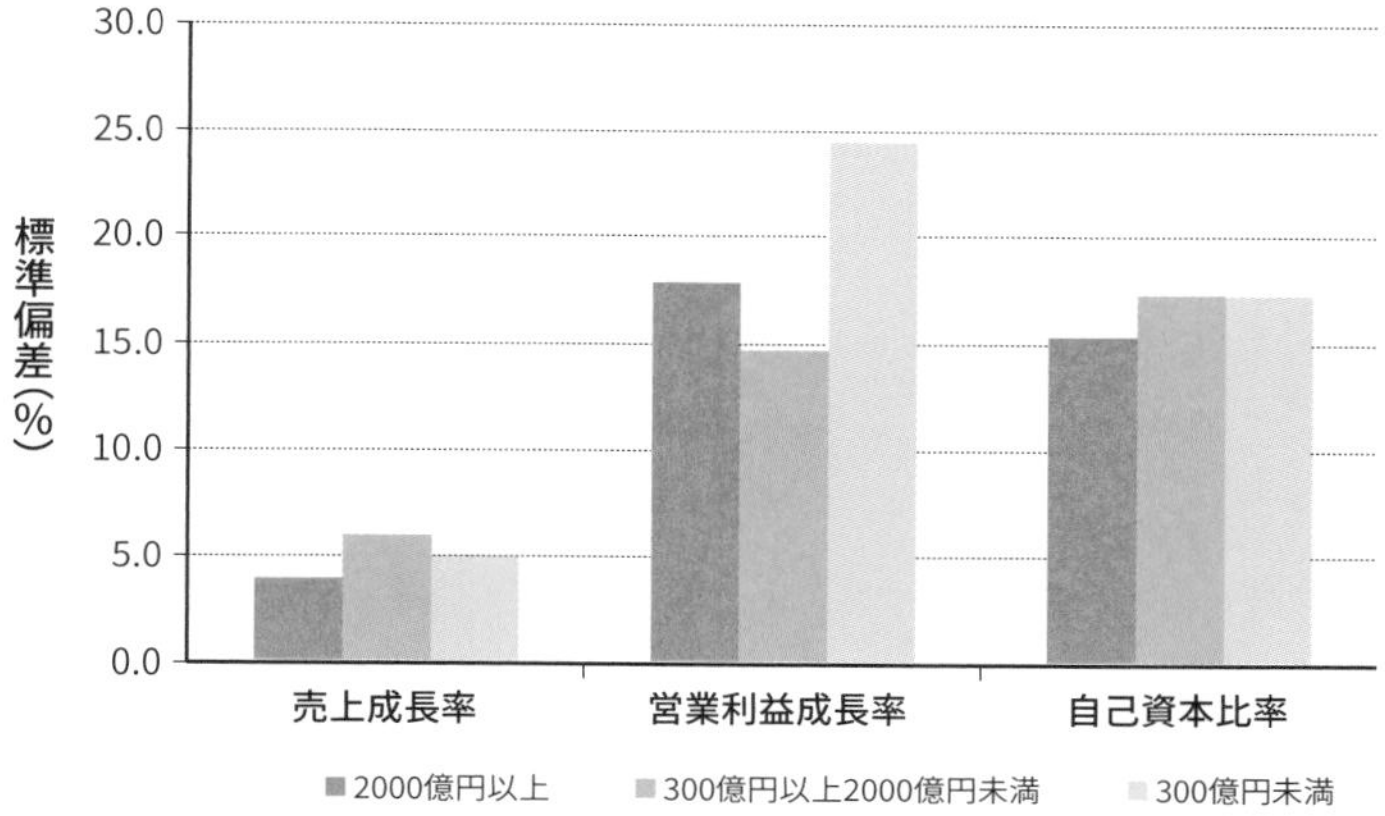

配当利回り3・3％以上の企業の3年平均売上成長率は、時価総額が小さくなるにつれて減少していますが、5年平均営業利益成長率と自己資本比率は、時価総額が小さくなるにつれて増加しています。

時価総額の小さい企業の方が利益成長性は大きく、財務もしっかりしている傾向があると言うことができます。

また、図4-9は、配当利回り3・3％以上の企業の3年平均売上成長率、5年平均営業利益成長率、自己資本比率における標準偏差[4]を時価総額ごとに示したグラフです。

3年平均売上成長率と自己資本比率は、時価総額の違いによる標準偏差の差はそれほど大

4）データの散らばりの度合いを示す値のこと。

きくない一方、５年平均営業利益成長率は、時価総額「３００億円未満」企業の標準偏差がやや大きく、少しデータにばらつきが見られます。ただし、この営業利益成長率のばらつきは、ある程度ポートフォリオを分散させることで収束させることが可能なものです。

このような理由から、「時価総額の小さい銘柄は財務や収益基盤が不安定である」とは一概に言うことはできず、むしろ、ややばらつきは見られるものの、**利益成長率や自己資本比率は時価総額の小さい銘柄の方が優れている傾向にある**と言うことができます。

時価総額が小さいという理由だけで、収益性が高く財務もしっかりしている銘柄を投資候補から外す必要はありません。もちろん個別でよく調べることが前提ではありますが、時価総額の大きさにとらわれず、できるだけ広い範囲から銘柄を選定していくのがよいでしょう。

（５）配当金の管理

保有株の配当金状況を管理することは、保有株の売り時を逃さないためにも、年間配当金がどのくらいか把握するためにも必要なことです。

保有銘柄の配当金を一つ一つ手作業で調べる、配当金に関するスマホアプリを使用するなど、配当金の管理方法はいくつかありますが、私は楽天証券のＲＳＳを用いて、Ｅｘｃｅｌにて管理することをお勧めします。

楽天ＲＳＳは、配当利回りやＰＥＲなどの各種指標を、銘柄ごとに特殊な関数を用いてＥｘｃｅｌに取り込むことができるツールです。

この楽天ＲＳＳを用いれば、保有株の配当利回りを一つずつ確認しなくても済みますし、極めて効率的に配当金の状況を管理・把握することができるようになります。

例えば、ソフトバンク（９４３４）の配当金データを取得したいときは、楽天ＲＳＳを起動し（起動方法は楽天証券のＲＳＳ説明ページをご参照ください）、Ｅｘｃｅｌ上のセルに「=RSS|'9434.T'!配当」と関数を入力すれば、来期（２０２４年３月期）の予想配当金額である「86」を得ることができます。

なお、楽天ＲＳＳは、配当金の他、現在株価、ＰＥＲ、ＰＢＲ、信用買残／売残、信用倍率、上場来高値／安値などのデータも取得でき、配当金管理の他にも購入候補株のウォッチなど様々な場面での活用が可能です。

私はＥｘｃｅｌのマクロ機能を活用しながら、銘柄コードや保有株式数を入力するだけで、各銘柄の配当金の他、ポートフォリオ全体の配当金総額や配当利回り平均などのデータも把握

表4-10　RSSを用いた持株管理例

コード	銘柄名称	現在値	持株数	配当金額	配当利回り	評価額
5032	ANYCOLOR	3540	600	0	0.00%	2,124,000
9022	東海旅客鉄道	18720	100	14,000	0.75%	1,872,000
7173	東京きらぼしFG	3945	300	39,000	3.30%	1,183,500
8031	三井物産	5500	200	30,000	2.73%	1,100,000
8584	ジャックス	5110	200	40,000	3.91%	1,022,000
8359	八十二銀行	794.2	1100	22,000	2.52%	873,620
7995	バルカー	4355	200	30,000	3.44%	871,000
9433	KDDI	4351	200	28,000	3.22%	870,200
9434	ソフトバンク	1670.5	500	43,000	5.15%	835,250
9020	東日本旅客鉄道	8285	100	11,000	1.33%	828,500
9467	アルファポリス	2640	300	0	0.00%	792,000
8058	三菱商事	7335	100	20,000	2.73%	733,500
5401	日本製鉄	3506	200	30,000	4.28%	701,200
3817	SRAホールディングス	3415	200	28,000	4.10%	683,000
5334	日本特殊陶業	3404	200	26,600	3.91%	680,800
8316	三井住友フィナンシャルG	6790	100	25,000	3.68%	679,000
8766	東京海上HD	3263	200	24,200	3.71%	652,600
9436	沖縄セルラー電話	3150	200	18,000	2.86%	630,000
7551	ウェッズ	628	1000	27,000	4.30%	628,000
5471	大同特殊鋼	6150	100	23,000	3.74%	615,000
8053	住友商事	3044	200	24,000	3.94%	608,800
6254	野村マイクロ・サイエンス	6020	100	16,000	2.66%	602,000
4173	WACUL	999	600	0	0.00%	599,400
7202	いすゞ自動車	1877	300	24,000	4.26%	563,100
8591	オリックス	2751.5	200	18,000	3.42%	550,300
8725	MS&ADインシュアランスGHD	5330	100	24,000	4.50%	533,000
5901	東洋製罐グループHD	2662.5	200	18,000	3.38%	532,500
9960	東テク	5300	100	18,200	3.43%	530,000

できるようにしています（ＲＳＳを用いた持株管理例を表4－10に示します）。

これによって、後で話をする、売却目安となる配当利回りが2・5％以下の銘柄や、現在、年間どのくらいの配当金がもらえるのかが一目でわかるようになり、今後の投資戦略を立てやすくなります。

楽天ＲＳＳは楽天証券に口座を開いていれば無料で使えるので、是非ご活用ください。

4 「利回り低下」「シナリオ崩れ」2つの株売りシグナル

株は**買い時よりも売り時の方が格段に難しい**と言われています。

１０００円で買った株が翌日１１００円になり喜んでいたとしても、その次の日にまた１０００円に戻ってしまったら、利益を確定させていない限り、利益は1円も生じません。

また、１０００円で買った翌日に１１００円で売り、短期間で儲けることができたと喜んでいたら、その次の日さらに１２００円まで上がり何となく損した気分になった、ということもよくあることです。

「株つらい」の状態は買った後だけではなく、売った後にも生じる可能性があるのです。

それでは、実際高配当株はどのようなタイミングで売ればよいでしょうか？

株を売るときも、できる限り後で再現可能となるようマイルールを定めておくのがよいでしょう。

何となく株価が上がってきたから利益を確定するとか、何となく業績が悪くなってきたから売却するとか、特に基準を定めずそのときの感覚で売買をしていたらなかなか利益は安定しません。また、マイルールに従って機械的に株を売るとすれば、例え売却後に株が上がったとしても、「自分はマイルールに従って売っただけなのだから、判断に間違いはない」と「株つらい」の症状を和らげるなど、メンタルケアにも役立てることができるでしょう。

私は**「(1)配当利回りが2・5%を下回ったとき」または「(2)買いのシナリオが崩れたとき」いずれかに該当したとき、その株を売却する**というマイルールを作っています（一度買ったらあまり売らないことから、買いのときよりルールは少なくなっています）。

(1) 配当利回りが2・5%を下回ったとき

私は株価上昇により、配当利回りが2・5%を下回ってきたら持株を機械的に売るようにしています。配当利回り2・5%は、2023年8月時点の東証プライム銘柄の平均配当利回り2・2%を0・3%ほど上回る水準で、これより配当利回りが下回るのであれば、さすがに高配当銘柄とは言えないかと考えます。

ただ、配当利回りが3・0%を下回る水準まで株価が上昇した後、反落していく銘柄もたまに見かけるので、配当利回りが3・0%を下回ってきたら売却準備を進め、業績の見通しがいまいちである場合や、減配可能性がある場合は、配当利回りが2・5％を上回っていたとしても利益を確定させるとしてよいかもしれません。

(2) 買いのシナリオが崩れたとき

先ほど、「株を買うときは、買いの理由を3つ端的に言えるようにしておくとよいでしょう」と言いましたが、この買ったときの理由がなくなったとき、すなわち買いのシナリオが崩れたとき、私は売却を積極的に検討するようにしています。

例えば、次の3つの理由から株を買ったとします。

①配当利回り4・5％と高配当であること
②ここ5年、減配されていないこと
③ここ3年毎年売上げが平均10％以上伸びているにもかかわらず、PERが10倍代であること

このとき、その後減配発表により配当利回りが3・0％になるなど、買いの理由が2つ崩れたときは売却を検討するようにし、さらに**減益発表によりPERが20倍以上になるなど、買い**

の理由が3つともすべて崩れたときは機械的かつ速やかに売却するようにしています（買った後の配当利回り低下は、株価上昇を伴うとき↓2．5％まで、減配によるとき↓3．5％まで、買いシナリオは崩れていないものとみなしています）。

著名投資家のマーク・ミネルヴィニは、「間違いは許されるが、間違ったままでいることほど許されないことはない」との言葉を残しています。一度売却すると決めたときは、速やかに売り払うことが必要となります。**例えそのとき含み損を抱えていたとしても、躊躇なく売るようにしましょう。**

後ほど第8章でも話をしますが、人は損失が出ているときは、なかなか損切りをしたがりません。他に有望な買い候補銘柄があったとしても、色々と理由を作って含み損が解消されるまで持ち続け、結果として、投資機会を大きく逸する可能性も出てきます。

わかっているにもかかわらず、どうしても含み損銘柄の売却をためらってしまうときは、とりあえずいったん売却して、翌日買い戻す予定とすることをお勧めします。そして、翌日実際に買い戻そうとする際、新規で買うとしたら本当にその銘柄を買いたいか、他の有望銘柄と比較しながら考えるようにするとよいです。そのような銘柄は、いったん売却して思考を白紙の状態に戻すと、無理して買い戻さなくてもいいかという気持ちになることも多いでしょう。

5 業種別の高配当株の見極め方

株は、業種ごとに特性を持っています。同じ業種の銘柄は、値動きが似たようなものになることがよくあります。例え多くの銘柄に分散投資していたとしても、ある1つの業種に投資先が偏りすぎていると、リスク分散効果がうまく働いてくれない可能性も出てきます。

表4－11は、2023年6月時点の業種ごとの配当利回り・PER・PBR・ROE・自己資本比率の平均値をまとめた表です（2023年3月期の実績を反映。データはSBI証券のスクリーニングから取得）。

表4－11からも、配当利回りをはじめとして、業種ごとに各数値の傾向はそれぞれ異なっていることがわかります。

ここからは、主に配当利回りの観点から、注意が必要と思われる業種を中心に話をしていきたいと思います。

表4-11　業種ごとの配当利回り、PER、PBR、ROE、自己資本比率の平均値

業種	配当利回り(%)	PER(倍)	PBR(倍)	ROE(%)	自己資本比率(%)
海運業	8.3	5.7	0.6	25.8	44
鉱業	5.8	5.7	0.7	20.1	70
鉄鋼	4.0	8.1	0.5	8.9	56
証券業	3.9	30.9	1.1	8.6	35
石油・石炭製品	3.8	12.3	0.7	7.7	48
銀行業	3.6	9.7	0.3	3.7	5
ゴム製品	3.3	11.5	0.7	7.7	57
倉庫・運輸関連業	3.2	10.4	0.8	10.1	54
建設業	3.2	18.4	1.0	8.3	54
ガラス・土石製品	3.1	168.8	1.0	8.0	62
不動産業	3.0	27.2	1.5	14.2	40
卸売業	3.0	15.8	1.1	10.0	49
輸送用機器	2.9	13.1	0.7	7.5	50
金属製品	2.9	15.7	0.7	6.1	60
保険業	2.8	17.4	1.4	8.2	33
パルプ・紙	2.8	14.9	0.6	6.7	53
化学	2.7	24.8	1.2	8.3	61
機械	2.7	15.0	1.1	9.4	61
非鉄金属	2.7	13.8	0.9	8.5	52
その他製品	2.6	17.4	1.2	9.7	59
その他金融業	2.6	21.4	1.8	13.6	27
繊維製品	2.5	13.5	0.8	8.9	55
電力・ガス業	2.5	25.8	0.8	8.4	41
電気機器	2.4	57.4	1.6	10.7	60
医薬品	2.3	44.6	2.1	10.7	67
精密機器	2.3	26.2	1.7	11.3	60
食料品	2.1	33.8	1.4	6.8	58
水産・農林業	2.1	14.6	1.5	11.3	49
陸運業	1.9	18.3	1.3	8.2	43
サービス業	1.9	32.4	3.2	15.3	55
小売業	1.8	29.5	2.2	10.4	49
通信業	1.6	88.5	3.3	13.2	63
空運業	1.4	37.5	0.7	9.2	32
総計	2.5	35.3	1.8	10.6	54

（1）海運業

海運業は、実績ベースでありますが、2023年6月時点で最も配当利回りが高い業種となっています。

これは新型コロナウイルスの感染拡大による物流混乱から業績が爆発的に伸び、2023年3月期において各社ともに大幅増配を行ったためです。

例えば、海運大手三社の配当利回りはそれぞれ、日本郵船（9101）：17・3%、商船三井（9104）：17・8%、川崎汽船（9107）：12・6%と非常に高い水準となっていました。

ただし、2022年末頃から、物流の混乱は解消してきており、海運業界の空前の好況は落ち着きを見せてきています。今後も海運各社の配当利回りが2023年3月期並みの水準を保っていくことは難しいでしょう。高い配当利回り実績から、スクリーニングや雑誌の紹介で目にすることも多いかもしれませんが、予想配当利回りを含め、今後の業績がどのようになるか見極めていくことが必要となります。

（2）鉱業、石油・石炭製品

鉱業、石油・石炭製品も2023年6月時点において、配当利回りの高い業種となっています。

具体的には、三井松島HD（1518）：12・0％、石油資源開発（1662）：8・6％、ENEOSHD（5020）：4・7％などが高い配当利回りを示していました。

これら業種に属する銘柄は、①原油・石炭などの資源価格、②日本国内・国外の経済情勢やエネルギー需要、③資源供給国の政治情勢、④法令・政策の変更、⑤為替レートなどの影響を大きく受け、それに従い業績も乱高下する可能性があることには注意が必要です。

また今後、脱炭素化や代替エネルギーの研究・開発が進展していくことにより、石油・石炭の需要が減少していくことも考えられます。

当然、各社とも対策は考えているようですが、現時点では予想しきれないリスクも大きく、これら**エネルギー関連の銘柄は、（i）あまり集中投資しすぎないこと、（ii）できる限り市況が底と思われるときに買うようにするなどの注意が必要**です。

（３）証券業

証券業は、恒常的に配当利回りの高い銘柄が多い業種の一つです。

証券会社は景気の影響を受けやすく、株式の売買が活発な好況時は業績が向上する一方、株式の売買が低調となる不況時には、急激に業績が悪化します。

２０２３年には、インターネット証券最大手のＳＢＩ証券と楽天証券が株式売買の取引手数料を無料とするなど、証券業の事業モデルが転換期を迎えていることにも留意が必要です。

現状、証券会社の主な売上は株式売買の取引手数料ですが、大手証券やネット証券各社はそれ以外の収益機会獲得に向けて動いています。

例えば大手証券は、株や債券の新規発行引受や株式の自己売買などに力を入れていますし、ネット証券は信用取引の金利や貸株料のほか、外国為替証拠金取引や地銀・生命保険などからの顧客取り込みにも注力しています。

そのような中、株式売買の取引業務への依存度が高い地場中心の中小証券は、今後事業の見直しを図っていかなければ、厳しい将来が待っているかもしれません。

（4）不動産業

不動産業も比較的配当利回りの高い銘柄が多い業種です。

その中でも、投資用不動産やマンション開発などを行っている自己資本比率の低い新興系の不動産企業には注意が必要です。現状業績が好調だったとしても、何かをきっかけとして一気に市況や企業の業績が悪化する可能性があるためです。

例えば、2007年末頃のサブプライム危機の影響により上場廃止となった不動産関連企業は、30社以上にものぼります[1]。

2007年当時、サブプライム危機が起こる直前まで、不動産業界は非常に好調で、不動産ファンドを中心として活発な売買がされていました。

しかし、サブプライム危機／リーマン・ショックが起きて以降、市況は金融市場の信用収縮などにより急激に悪化し、毎週といっていいほどのペースで不動産関連の企業は倒産していきました。

私も倒産前に損切りはできたものの、欄外記載の上場廃止企業のうち、優待込み配当利回りの高さからHuman21（８９３７）とシーズクリエイト（８９２１）[2]の株を保有していました。

２０２３年９月時点で、不動産業界はそれなりに好調のようですが、いつまたサブプライム危機のようなことが起こるかわかりません。

配当利回りが高いからといって、自己資本比率の低い不動産関連企業に集中して投資することは避けた方がよいでしょう。

（５）ディフェンシブ銘柄

ディフェンシブ銘柄は、業績が景気動向に左右されにくい銘柄のことを言い、食品・日用品・製薬・電力・ガス・鉄道・通信などの業種に多く含まれています。

１）・サブプライム危機の影響により上場廃止となった不動産関連企業は次の通りです。
シンプレクス・インベストメント・アドバイザーズ、ゼクス、ジョイント・コーポレーション、アゼル、パシフィックＨＤ、ニチモ、大和地所レジデンス、クリード、モリモト、ノエル、ランドコム、シーズクリエイト、リプラス、創建ホームズ、アーバンコーポレイション、ゼファー、スルガコーポレーション、大和システム、サンシティ、ダヴィンチＨＤ、エルクリエイト、Human21、ダイナシティ、旭ホームズ、東新住建、コマーシャル・アールイー、総和地所、セイクレスト、レイコフ、平和奥田。

２）シーズクリエイトは２００８年９月に民事再生を申請した後、２０２１年２月に上場廃止前と同じ証券コード８９２１で TOKYO PRO Market に再上場しています。

一般的にディフェンシブ銘柄は、あまり高成長は望めないものの、安定した業績や株価、配当を期待できると言われています。しかし、時代の変化に従い、これらディフェンシブと言われている銘柄も安泰であるとは決して言えなくなってきました。コロナ禍での利用者数激減による、鉄道各社の業績悪化は記憶に新しいところです。

その他、電力会社も以前と今では立ち位置が少し変わってきています。

東日本大震災前、電力会社は業績が景気動向に左右されにくいディフェンシブ銘柄の代表として挙げられていました。電力会社は、地域独占の業態で競争が乏しく、また需要が安定しており、配当利回りもそれなりに高い銘柄として、定年後の投資先として最適であると言われていました。

しかし、東日本大震災発生後、原子力発電所の稼働率低下の影響などにより業績は急激に悪化し、また近年では原油や石炭など燃料価格の変動により業績が大きく左右され、かつてのような安定した業績や配当は期待できなくなっています。

また、製薬企業も代表的なディフェンシブ銘柄と言われてきましたが、今後もその傾向が続くかは不透明です。

例えば、国内製薬企業の研究開発費は、１９９５年の６４２２億円から２０１５年の１兆４５７７億円まで20年で2倍以上に膨れ上がっています。これに対して、新薬創出数は、１９９７年から２００６年までが50個、２００７年から２０１６年までが52個と、研究開発費ほどは増加していません(「The Pharmaceutical Industry in Figures Key Data 2017」European Federation of Pharmaceutical Industries and Associations)。日本の製薬企業の研究開発生産性は過去と比較して低下している可能性があります。

これに加えて後発医薬品の使用割合は、２００５年の32・5%から２０２１年の79・０%へと大幅に増加しています(「医薬品業界の概況について」厚生労働省、２０２２年8月)。

製品開発力が低く、また時代の変化に対応できていない製薬企業は、今後淘汰されていく可能性が高いと言えるでしょう。

いずれにせよ、**ディフェンシブと言われている銘柄であっても、将来どうなるかはわかりません。安全だと思って1つのディフェンシブ銘柄に集中投資するといったことは避けるようにした方がよい**でしょう。

（6）シクリカル銘柄

シクリカル（Cyclical）銘柄とは、景気の変動によって業績が大きく左右される銘柄を言い、鉄鋼・輸送用機器・化学・電気機器・非鉄金属・精密機器・建設・不動産・証券などの業種に多く含まれています。

シクリカル銘柄は、好況期は業績が良く、株価も堅調な値動きを見せますが、不況期は業績が悪化し、株価は低迷する傾向にあります。

シクリカル銘柄には、売上が伸びる好況時には大きな利益を出すものの、売上が減少する不況時には巨額の赤字を計上する、設備投資が巨額で損益分岐点の高い企業も多く含まれます。一見PERが低く、割安・高配当に見えるシクリカル銘柄には注意が必要です。景気悪化により、売上が損益分岐点を下回ると一気に赤字転落・大幅減配となる可能性があるからです。

2022年~2023年にかけては、石炭、海運、鉄鋼関連で極めてPERの低い銘柄を見かけることが多くありましたが、割安感だけで買ってはいけません。シクリカル銘柄に対しては、事業ごとの経済サイクルを理解し、回復→拡大→後退→悪化のサイクルのうち、「悪化」または「回復」時に買うよう心がけましょう（ただし、実際に景気の「悪化」または「回復」時には、巨額な赤字を計上していることも多く、なかなか買いたいと思えないかもしれません）。

分散投資の観点からシクリカル銘柄をポートフォリオの一部に組み入れることは特に問題ありませんが、**特に好況時において割安感からシクリカル銘柄を買い過ぎる、ということはしないよう気を付ける必要があります。**

ここまで、高配当株投資をするに当たって注意が必要な業種等について話をしてきました。

高配当株に投資をするときは、似たような業種に偏らせるのではなく、できる限り幅広い業種の株を買い、ポートフォリオ内でリスクを分散させていくことをお勧めします。

コラム 2

「iPhone」と「アイホン」の商標

２０２３年9月時点で、日本でのスマートフォンの所有率は92%にものぼっています（マイボイスコム株式会社調べ、２０２３年9月）。今やスマートフォンは日本国民にとって生活必需品と言ってよいかもしれません。その生活必需品と言ってよいスマートフォンの中でも、iPhoheは日本国内で44%ものシェアを占めています（ＭＭＤ研究所調べ、２０２２年5月）。

このiPhoneですが、Apple社のホームページには必ず「iPhoneの商標は、アイホン株式会社のライセンスにもとづき使用されています」との記載がされています。なぜApple社はアイホン株式会社からiPhoneに関する商標ライセンスを受けているのでしょうか。

アメリカでの初代iPhone発売から約1年後の２００８年、日本においてもiPhoneシリーズ初となるiPhone ３Ｇの発売が予定されていました。この携帯電話の常識を大きく覆すiPhoneシリーズの日本初上陸は当時大きな話題となっていました。しかし、この日本でのiPhone ３

G発売前、インターホン業界トップのアイホン株式会社はApple社に対して、iPhoneが自社登録商標に似ているのではないかとの主張を行いました。

商標は登録されていると、それと同一または類似したネーミングやロゴなどを、その登録商標が指定する商品・役務と同一または類似した商品・役務において使用することはできません[1]。

アイホン株式会社は、1955年に「電信機、電話機」の商品分野において、「アイホン」を商標登録していました(その他、1969年に「電気通信機械器具」の商品分野にて、「AIPHONE(アイフォン)」の商標も取得しています)。

「iPhone」は「アイホン」と類似していることから[2]、2008年当時、Apple社は日本でiPhoneを自由に販売できない状態にありました。そこでApple社はアイホン株式会社から

1) 同一または類似したネーミングやロゴを、全く異なる商品・役務で使用することは原則可能です。例えば、2023年9月時点において、アイホン株式会社やApple社は「iPhone」と類似する商標について、飲食業に関する役務指定(第43類、類似群コード42B01)をしていません。そのため、アイホン株式会社やApple社との関係においては、原則「iPhone」という名前のうどん屋を自由に出店することは可能です。

2) 特許庁が出している商標審査基準には「商標の類否の判断は、商標の有する外観、呼称及び観念のそれぞれの判断要素を総合的に考察しなければならない」との記載がされています。つまり、商標が似ているかどうかは、「見た目」「読み方」「イメージ」から総合的に判断する決まりになっています。

「iPhone」に関する商標の専用使用権[3]を認めてもらい、iPhoneを日本で使用する権利を確保することにしたのです。

この専用使用権の対価は、アイホン株式会社の決算資料からも確認することができます（図C－1）。

アイホン株式会社の2023年3月期の損益計算書の営業外収益の欄には「受取ロイヤリティー」として、1億5000万円が計上されています。なお、この「受取ロイヤリティー」は2008年3月期から2017年3月期までは1億円で計上されていましたが、2018年3月期からは1億5000万円に増額されています。もしかしたら、当初ライセンス契約の期間を10年間としていて、契約更新のタイミングでアイホン株式会社が「受取ロイヤリティー」増額の交渉を行い、見事Apple社から増額の承諾を勝ち取ったのかもしれません。

アイホン株式会社によって「アイホン」が初めて商標登録されたのは、1955年で、当然そのときは「iPhone」の存在など想定できるものではありませんでした。それが、たま

3）アイホン株式会社も使用できない非常に強い権利。

図C-1　アイホン株式会社2023年3月期連結損益計算書

（連結損益計算書）　　（単位：百万円）

	前連結会計年度（自2021年4月1日 至2022年3月31日）	当連結会計年度（自2022年4月1日 至2023年3月31日）
売上高	51,991	52,811
売上原価	28,029	30,229
売上総利益	23,962	22,581
販売費及び一般管理費	18,424	18,822
営業利益	5,538	3,758
営業外収益		
受取利息	14	62
受取配当金	148	175
受取家賃	33	24
為替差益	174	―
受取ロイヤリティー	―	150
その他	70	58
営業外収益合計	441	472
営業外費用		
支払利息	32	37
為替差損	―	12
その他	15	13
営業外費用合計	47	62
経常利益	5,931	4,167
特別利益		
固定資産売却益	365	19
投資有価証券売却益	―	106
特別利益合計	365	126
特別損失		
固定資産売却損	1	3
固定資産除却損	16	5
投資有価証券評価損	185	―
減損損失	65	―
特別損失合計	268	8
税金等調整前当期純利益	6,028	4,285
法人税、住民税及び事業税	2,080	1,182
法人税等調整額	△278	173
法人税等合計	1,801	1,356
当期純利益	4,226	2,929
親会社株主に帰属する当期純利益	4,226	2,929

たま世界的ヒットを続ける商品と名称が似ているという理由でアイホン株式会社には毎年1億5000万円のお金が入ってくるようになりました。

商標権の重要性とともに、世の中何が起こるか分からないと感じさせられる事例の一つかと思います。

第5章

配当政策が株価に与える影響

1 増配を株式市場はどう見る？ 配当政策における3つの説

近年、**株主に支払われる配当金の総額は増加傾向にあります。**上場企業の2023年3月期の配当総額は前期比6％増の14兆6000億円で過去最高となる見通しです（「日本経済新聞」2023年3月8日）。配当政策として株主還元に力を入れる企業が増えてきています。

これら企業が取る配当政策は株価にどのような影響を与えているのでしょうか。ここからは、企業の配当政策が株価に与える影響について話をしていきたいと思います。

（1）配当無関連命題

あまり聞き慣れないかもしれませんが、まずは、配当無関連命題について話をしていきます。

配当無関連命題とは、取引コスト等が存在しない完全資本市場の仮定の下では、企業の配当政策は企業価値に影響を与えないという説です。ノーベル経済学賞受賞者のミラーとモディリアーニが1961年に提唱しました。

配当無関連命題では、

①企業が配当金を支払えばその分だけ株価は下落する
②株主の受け取る配当金額と株価下落により減少する資産額は相殺される
③結局株主の資産合計額は変わらない

ことが提言されており、配当金を増配しようが、無配としようが企業価値は変わらず、結果として株価への影響もないとしています。

しかし、実際の市場では増配発表とともに株価が急騰することや高配当企業が同業種の企業よりも高い株価を維持していることをよく見かけます。

例えば2023年9月時点における、①建設業界全体と②建設業・2024年3月期配当利回り(予)上位5社[1]のPERとPBRとを比較すると、

1）安藤・間（1719）、奥村組（1833）、淺沼組（1852）、東洋建設（1890）、ノバック（5079）の5社。

①建設業界全体（中央値[2]）
PER12・4倍、PBR0・83倍
②建設業・2024年3月期配当利回り（予）上位5社（平均値）
PER13・6倍、PBR1・20倍

とPER、PBRともに②建設業・2024年3月期配当利回り（予）上位5社の方が高く、配当利回りの高い企業は、通常の企業よりも高い評価を受ける傾向にあることがわかります。

配当無関連命題が実際の市場に当てはまらない（配当政策が株価に影響を与える）理由としては、配当無関連命題が成立するためには、

①税金や取引コストが存在しないこと
②情報が対称的であること（企業と投資家の保有する情報に格差がないこと）
③経営者は株主価値の最大化に努めること

などの条件を満たす必要があるものの、実際の市場ではそのような条件は成り立たないためと考えられます。

それでは、実際の市場ではどのような要因によって企業の配当政策が株価に影響を与えているのでしょうか。

いくつか説が考えられていますが、ここでは代表的なものとしてシグナリング仮説と、フリーキャッシュフロー仮説について話をしていきます。

（2）シグナリング仮説

①シグナリング仮説とは

シグナリング仮説は、投資家は企業の将来業績に関する情報を十分に持っていないため、企業の配当政策等に関する発表を

（ⅰ）増配や自社株買い↓経営者は将来業績に対して自信を持っている

（ⅱ）減配↓経営者は将来業績に対して自信がない

2）ＰＥＲ１００倍超の企業が複数含まれていたため、平均値ではなく中央値を取得して比較しています。

と解釈し、結果として株価はその解釈により上下する、と考える説のことを言います。

例えば、企業から増配の発表があったとき、投資家は「増配分の配当金原資確保の見通しも立っているほど、経営者は将来の業績に自信を持っているのだろう」と考え、その企業の評価を高めていきます。企業が将来の業績見通しを具体的に示していなくても、増配できるほど儲かる見通しなのだろうと投資家=市場が勝手に解釈し、結果として株が買われ、株価は上昇していきます。

②増配後の業績推移

経営者は、たとえ増配した後であっても、減配することを嫌う傾向にあります。そのため、もしシグナリング仮説が正しいのであれば、「増配の決定」＝「経営者は、増配期だけでなくその翌期以降の業績についても自信を持っている(収益が減って減配となることはない)」と言うことができると考えられます。

それでは、実際に増配企業の翌期以降の業績はどのような推移を見せているのでしょうか。

「株主価値を向上させる配当政策」(諏訪部貴嗣「証券アナリストジャーナル」2006年7月)は、1976年10月〜2006年3月決算企業について、増配・配当変動なし・減配の3つの

図5-1　増配/減配等 企業の5年間のEPS増益確率

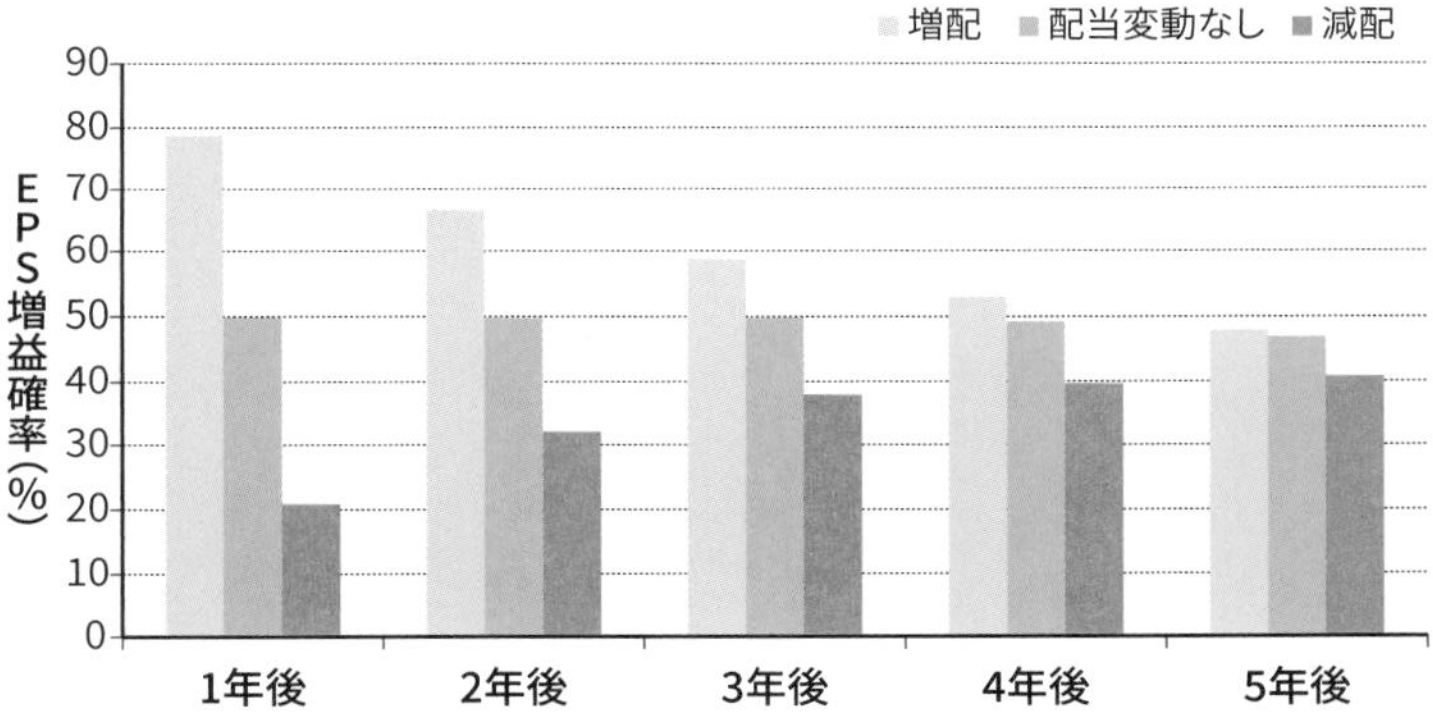

出所：株主価値を向上させる配当政策
（元出所はゴールドマン・サックス調査部）

グループに分け、増配前の決算期からその後1～5年のEPSの上昇確率を算出しました。

結果として、図5-1にも示すように、

(i) 増配企業はその後数年にわたって、配当変動なしの企業よりも高い確率で増益を維持していた。特に、前年無配から配当を出すようになった企業の業績改善確率は高い

(ii) 減配企業の増益確率はその後数年にわたって、配当変動なしの企業を下回っていた

というデータが得られました。

増配企業は翌期以降も好調な業績を維持し、減配企業は翌期以降もぱっとしない業績が続

くという傾向が、データからも明らかにされたのです。

同様の結果は、「配当の情報効果と利益持続性、利益調整行動に関する実証分析」(青木康晴、経営財務研究　2011年6月)からも報告されています。

同論は、2000年3月期〜2009年9月期のデータをもとに配当政策と利益持続性の関係について調べ、

(iii) 有配企業は無配企業に比べて高い利益持続性を示す
(iv) 有配企業の中でも増配グループの利益持続性は高い

との結果を示しています。

増配は、経営者が将来業績に対して自信を持っていることの表れであり、実際に増配期以降も企業の業績は順調に推移する傾向にあります。

増配企業の優位性は、単に毎年配当金が増えるということだけではありません。増配企業は、配当変動なし、または減配企業に比べて、順調に推移する業績と、それに伴い上昇する株価を期待できると言えるのです。

③ニュースリリースによるシグナリングの明示

シグナリング仮説は、「増配は将来業績に対する経営者の自信の表れである」と考える説ですが、「増配」＝「将来業績に自信あり」をニュースリリースで明示する企業もあります。

武田薬品工業（４５０２）は２０２３年5月11日付けで、２０２４年3月期の純利益は55％減を見込むこと、年間配当は8円増配の１８８円を予想していることを発表し、さらに次のようなＣＦＯのコメントをニュースリリースに掲載しました。

「２０２３年度の見通しは、予想される後発品の影響や新型コロナウイルスワクチンの貢献度の低下を反映していますが、これらの影響を考慮しても、１兆円以上のＣｏｒｅ営業利益を予想しています。財務ベースのＥＰＳ予想成長率も影響を受けますが、主要ビジネス領域の勢いを反映しない一時的要因によるものです。当社は、成長への見通しに自信を持っており、今回の増配の予定はその自信を裏付けるものです」

上記翌営業日の武田薬品工業の株価は、大幅な減益見通しを発表したにもかかわらず、下げ幅は▼2・5％にとどまりました。

企業が増配を発表する背景には、将来の業績への自信が含まれている場合があるのです。

（3）フリーキャッシュフロー仮説

①フリーキャッシュフロー仮説とエージェンシーコスト

フリーキャッシュフロー仮説は、経営者に配当支払いを約束させ、企業が好き勝手に使えるお金を減らすことによって、企業経営に規律をもたせることができるようになる、と考える説のことを言います。

企業は余剰資金を潤沢に持っていたとしても、必ずしもそれを株主価値[3]最大化のために用いるとは限りません。**本業とは関係ない投資をする、収益を生まない自社ビルを建設するなど、株主に何ら利益をもたらさないお金の使い方をする可能性があります。**

例えば、北海道地盤で集団指導塾を運営する進学会ホールディングス（9760）は、本業と全く関係ない資産運用事業で多額の損失を発生させており、その損失累計額は2023年3月末時点で175億円にものぼっています。

また、エイベックス（7860）は、2015年に総事業費143億円で本社ビルの建設を開始しましたが、ちょうどその頃から業績は右肩下がりとなり、コロナ禍の2021年3月期には65億円の経常赤字を計上するほどまで業績は落ち込みました。（エイベックスは2021年3月、カナダの不動産ファンドに本社ビルを売却し、特別利益290億円を計上しました。本社ビルの建設は事業価値向上に資するものではなかったと思われますが、結果として株主価値向上には役立ちました）。

フリーキャッシュフロー仮説の下では、増配によりエージェンシーコスト[4]の発生が抑制され、その結果として株価上昇につながってくると考えられています。

②エージェンシーコスト問題の解決手段

それでは、企業が余剰資金を株主価値向上以外の目的に使うかもしれず、株価が上がらない原因ともなりうるエージェンシーコストの問題点を、増配以外の手段により解消することは可能なのでしょうか？

問題解決の一つの手段として、経営者側の持つ情報と投資家側の持つ情報の格差をなくすこ

3）株主に帰属する価値。企業価値（企業の事業活動からもたらされる事業価値に遊休資産などの非事業用資産の価値を加えた価値）から負債を差し引いたもの。
4）経営者（代理人）が株主（依頼人）の意向通りに業務を遂行するとは限らないことから生じる非効率性のこと。

とが考えられます。経営者側が株主価値向上に関する計画を細部まで開示し、それに対して投資家側が実現可能であると判断するのであれば、エージェンシーコストの問題点は解消される可能性があります。

近年、企業のIR活動が活発になってきているのは、企業の事業内容や将来計画を投資家に理解してもらうことにより、投資家が抱く不明点・不信点を解消し、株価上昇につなげたいと会社側が企図しているためと考えられます。

③新規事業やM&Aの推進について

それでは、本業と関係のある新規事業やM&Aにお金をかけるのであれば、株主還元は後回しにして、どんどん投資を進めてもらってもよいものでしょうか？

もちろん、新規事業やM&Aを得意としている企業もあり、そういった企業には配当よりも成長投資を優先してもらう方がより株主価値は向上していくのかもしれません。しかし、新規事業やM&Aは、そうなかなかうまくいくものではないことに注意が必要です。

「新規事業実態調査2016－2021」（PwCコンサルティング・日経BP、2021年

12月）によると、「あなたの勤務先企業・機関の新規事業開発に関して、どのように思いますか」との問いに対して、「だいたいうまくいく」または「うまくいくものが多い」と回答した人は全体の５・５％しかいませんでした。

また、「２０２１年　Japan Startup Finance」（INITIAL、２０２２年2月）のデータから、資金調達に成功したスタートアップ企業がその後上場する確率を算出すると、だいたい４・８％程度と見積もることができます[5]。

新規事業が大成功する確率は概ね５％前後とかなり低い数値となっています。

また、Ｍ＆Ａ投資も必ずしもすべてがうまくいくとは限りません。

（i）日本企業のＭ＆Ａ成功率[6]は36％（「Ｍ＆Ａ経験企業にみるＭ＆Ａ実態調査」デロイトトーマツ　コンサルティング、２０１３年）

5）仮に資金調達から上場まで平均5年かかるとしたとき、２０２２年度の国内ＩＰＯ企業数１１２社（TOKYO PRO Marketへの上場21社を含む）と、２０１７年の資金調達社数２３１７社から、次の式により算出
・「２０２２年度のＩＰＯ企業数１１２社」÷「２０１７年の資金調達社数２３１７社」。

6）「成功」の定義：「Ｍ＆Ａ実行時にたてた目標の８割を達成したとき」。

（ⅱ）日本企業の海外買収の成功率は1〜2割（日本経済新聞　２０１８年8月30日）
（ⅲ）海外買収企業のうち、「のれんの減損処理を行った、もしくは行う見込みがある」企業は全体の35％を占める（「Ｍ＆Ａ実施後のシナジーの実現に向けた現状調査」　ＰｗＣアドバイザリー、２０１８年11月）

などのデータもあり、投資資金をＭ＆Ａにまわしたとしても、投資回収が十分には見込まれないケースも多くあるものと思われます。

ここ最近でも、東芝によるウエスチングハウスへの投資の失敗（７１２５億円の損失）、日本郵政によるトール・ホールディングスへの投資の失敗（４０００億円の損失）、キリンホールディングスによるスキンカリオールへの投資の失敗（１４１２億円の損失）など、特に海外企業に対するＭ＆Ａについては、巨額の減損[7]を計上して終わるというケースが数多く見られます。

さらには、

（ⅳ）キャッシュ・リッチ企業によるＭ＆Ａは株主価値を減少させる傾向にある（「Corporate

Cash Reserves and Acquisitions」Jarrad Harford、「The Journal of Finance」、1999年12月)

(v)キャッシュ・リッチ企業がM&Aを行った場合、キャッシュ・リッチではない企業より、M&A発表時の株価は下落する(「企業の現金保有が株主価値へ与える影響」石嶋洵・金城遥、「生命保険論集」第199号、2017年6月)

など、キャッシュが豊富な企業によるM&Aは株主価値を毀損し、株価下落をもたらす傾向にあるとの報告もあります。

もちろん、既存事業を行っているだけでは将来先細りになる可能性が高く、新規事業やM&Aにより会社拡大を図っていくことは必要不可欠なことであります。株主還元がほとんどされない場合であっても、投資対効果の高い新規事業への取り組みやM&Aを行うことにより、企業が株主価値を確実に上げられるというのであれば、特に問題はありません。

しかし、キャッシュフロー仮説でも挙げられる問題として、個人投資家は、企業が効果的な

7)主に固定資産や株式の価値が当初の想定より大幅に低下したときに、帳簿価額を回収可能価額まで減額する会計処理のこと。

投資を行っているか判断するため情報を十分に持っていません。

見通しが甘く、結局無駄になってしまう可能性の高い新規事業展開や、現在の事業内容からかけ離れた領域でのM&A投資をされるくらいであれば、その分還元してほしいと株主が主張することは決して間違ったものではありません。

「株主還元に力を入れている企業」＝「無駄な投資をせず、規律の高い経営を行っている企業」が市場から高い評価を得るというのは、投資家の視点からすると合理的なことであると言えるのです。

（4）配当政策が株価に与える影響

それでは、企業の配当政策は実際のところ株価にどの程度影響を与えているのでしょうか。

用いられているデータは、1984〜1998年の東証一部上場企業と少々古くはありますが、『配当政策の実証分析』（石川博行、中央経済社、2007年6月）は株価、業績、配当、純資産簿価の関係性について次の報告をしています。

①有配企業の株価は、予測利益および配当と相関が高く、企業の成長性と配当政策は株価形成における重要なファクターとなる。

②実績利益と予測利益がともに赤字の有配企業は、株価と配当との相関が非常に大きい。すなわち、赤字の有配企業が市場で評価される際には、業績や純資産簿価よりも配当が重視される。

③次期増配予測は、当期と次期において2期連続増益でなければ、株価にとってプラスとならない。また、次期減配予測は、次期減益予想時には株価にとってマイナスとなるが、次期増益予想時にはマイナスとならない。すなわち、配当変化に関する予測情報が株価に与える影響は、次期利益予想によって異なってくる。

④実績利益／予測利益／純資産簿価のうち、配当金額との相関が最も大きいのは純資産簿価となる。

⑤無配企業が復配または新規配当を発表したとしても株価上昇の要因とはならない。これは、これまで長期間無配だった企業が配当すると発表したところで、投資家はその業績達成に自信を持つことができず、少なからず割り引いて評価するためと考えられる。

前述①〜⑤について、株主還元強化の動きが見られる近年では異なる傾向が見られる可能性もありますが、それぞれ大変興味深い報告であるかと思います。
また、前掲「株主価値を向上させる配当政策」は、

（ⅰ）外国人持株比率や機関投資家持株比率が低い
（ⅱ）社外取締役比率が低い
（ⅲ）取締役と執行役の兼任比率が高い

など、コーポレートガバナンスが不十分でエージェンシーコストが高くなると予想される場合、増配によりもたらされるアクティブリターンは高くなる傾向があることを報告しています。

配当政策それ自体は企業価値を新たに創造するものではありません。しかし、実際の市場では配当政策と企業価値は無関係なものではなく、配当政策によって投資家の企業に対する評価は大きく変わってきます。

特に高配当株に投資する際においては、企業の業績や財務状態と同じくらい、配当政策を重視していく必要があります。

第6章

「自社株買い」「株主優待」のメリットとリスク

1 自社株買い

ここからは、配当以外の株主還元として、自社株買いと株主優待について話をしていきます。

自社株買いは、企業が自社の株式を自分自身で買い戻すことを言い、配当と並ぶ代表的な株主還元の一つとなります。企業は、株主還元・資本効率の向上・機動的な資本政策[1]などを目的として自社株買いを行います。

（1）自社株買いの傾向

近年、企業による自社株買いは増加傾向にあります。

図6－1は2005年～2022年度における自社株買い金額の推移を表したグラフです。2022年度の自社株買い金額は、前年比34％増の9兆5467億円と過去最高を更新しました。

図6-1　自社株買い金額の推移

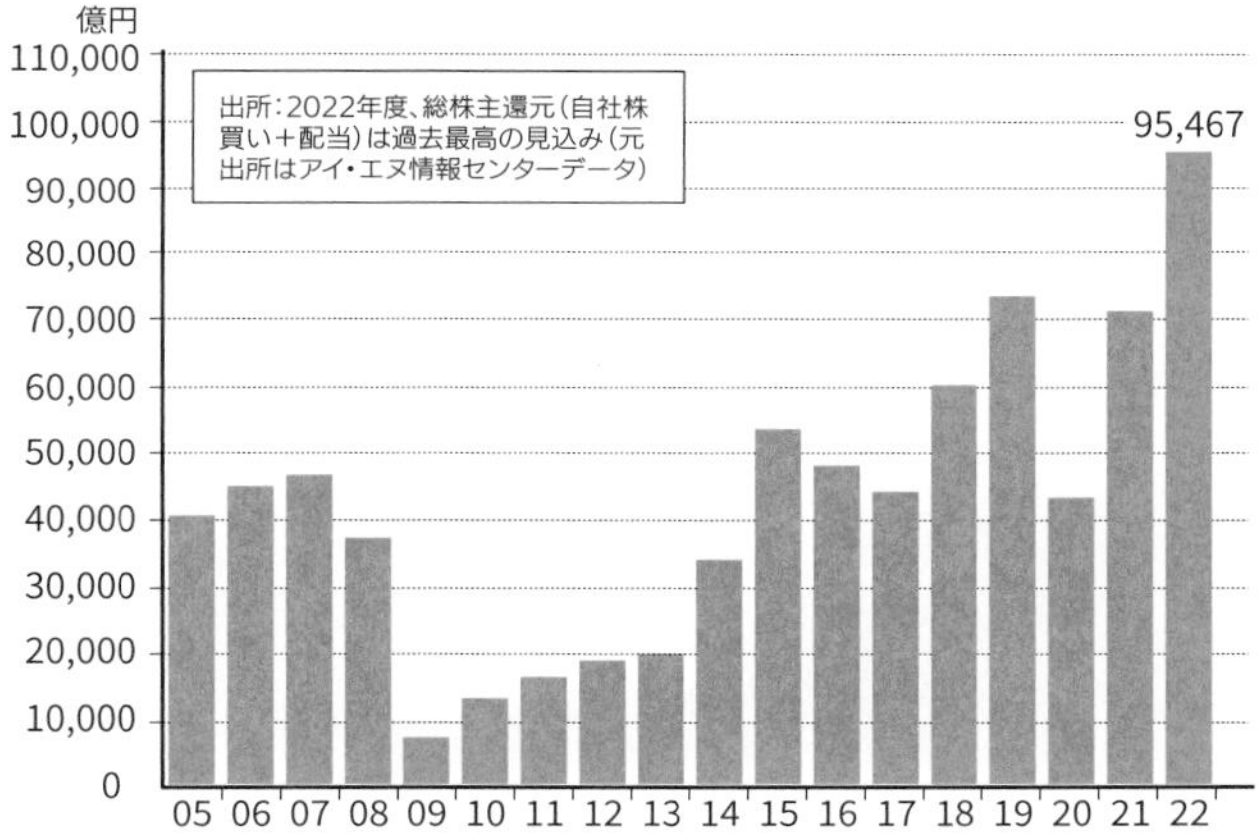

東証プライム市場全銘柄の平均配当利回り約２・２％（２０２３年９月時点）に対して、自社株買い利回りは約１・３％であり、それらを合計した総株主還元利回りは約３・５％となります。

なお、２０２２年度のＩＰＯ[2]による資金調達金額は４１０５億円、ＰＯ[3]による資金調達額は１兆５８２２億円で、それぞれの合計金額は１兆９９２７億円でした。賛否はあるかもしれませんが、全体としては、ＩＰＯ・ＰＯによ

1）例えば、自社株売却による資金調達やM&Aへの活用などが挙げられます。
2）「Initial Public Offering」の略。新規に株式を公開・上場すること。
3）「Public Offering」の略。既上場企業が新たに株式を発行したり、既に発行された株式を投資家に取得させること。

り市場から調達された資金よりも、自社株買いにより市場に返還された資金の方が大きくなっています（「2022年度、総株主還元（自社株買い＋配当）は過去最高の見込み」第一生命経済研究所　2023年4月）。

（2）自社株買いのメリット

それでは、なぜ自社株買いによって株主還元や資本効率の向上が期待できるようになるのでしょうか。具体例を挙げながら見ていきましょう。

①株主還元

例えば、A社の（i）発行済み株式数、（ii）純利益、（iii）EPS（1株当たりの純利益）が次であるとします。

（i）発行済み株式数：1万株（うち市場発行株式数1万株、会社保有の自社株式数0株）
（ii）純利益：100万円
（iii）EPS：100円

A社が2000株の自社株買いを行うと、EPSを計算する際、自社株式数は発行済み株式数から除かれることから、先ほどの数値は次のように変化します。

（ⅰ）発行済み株式数：1万株（うち市場発行株式数8千株、会社保有の自社株式数2千株）
（ⅱ）純利益：100万円
（ⅲ）EPS：125円

このように、企業が自社株買いをするとEPS、すなわち1株当たりの純利益は上昇します。株主にとっては保有する株の価値が上がることになるため、自社株買いにより、株主に利益が還元されると言うことができるのです。[4]

②資本効率の向上

例えば、A社の（ⅰ）発行済み株式数、（ⅱ）純利益、（ⅲ）自己資本、（ⅳ）ROEが次であるとします。

4）PER（株価収益率）は「PER＝株価÷EPS」で算出されることから、株価が同じであればEPS上昇により、PERは低下します。

（ⅰ）発行済み株式数：１万株（うち市場発行株式数１万株、会社保有の自社株式数０株）
（ⅱ）純利益：１００万円
（ⅲ）自己資本：１０００万円
（ⅳ）ＲＯＥ[5]：10％

Ａ社が１０００円で２０００株の自社株買いを行うと、自己資本は買付け金額の２００万円分減少するため、先ほどの数値は以下のように変化します。

（ⅰ）発行済み株式数：１万株（うち市場発行株式数８千株、会社保有の自社株式数２千株）
（ⅱ）純利益：１００万円
（ⅲ）自己資本：８００万円
（ⅳ）ＲＯＥ：12・５％

このように、企業が自社株買いをするとＲＯＥは上昇します。ＲＯＥは自己資本の効率性を示す指標であることから、**企業の自社株買いにより、ＲＯＥが上昇する＝資本効率も向上する**、と言うことができるのです。

（3）自社株買いが株価に与える影響

投資家としては自社株買いにより株主還元や資本効率の向上を期待することができることから、**自社株買いの発表は、通常、株価にプラスとして働きます。**

実際、2019〜2022年度に自社株買いの発表をした企業の株価は、発表翌営業日にTOPIXを約2％超過し、その後も少なくとも発表から10営業日後まではTOPIX＋2〜3％の水準で推移していました（「2022年度自社株買い動向」ニッセイ基礎研究所　森下千鶴、2023年5月）。

（4）自社株買いに関して注意が必要な点

このように、株主にとってもメリットの大きな自社株買いですが、一方で、注意しておいた方がよい事項もいくつかあります。

5）「ROE＝当期純利益÷自己資本×100」の式から算出されます。

①再度市場に放出される可能性

企業が自社株買いした株式を実際に消却するか否かの判断は、企業側に任されています。企業は、自社株買いした株式を消却せず、金庫株として保有し、その後資金が必要となったとき市場に放出することがあります[6]。

例えば、WOWOW（4839）は2021年12月、収録スタジオの設備更新資金等を使途として、一般募集等により自己株式を処分（市場に放出）しました。WOWOWの株価は、自社株処分発表時は1979円でしたが、業績の低迷もあり1年後は1300円まで下がるなど、その後軟調に推移していきました。

自己株式の処分に関して、「『新しい資本主義』の課題　自社株買い　安易な規制回避」（宮島英昭・小川亮、経済産業研究所、2022年5月）は、2001〜2018年度の東証一部上場企業のデータから、次のような興味深いデータを示しています。

（i）自己株式が市場に放出されたときの株価累積超過収益率の平均は▼7・6％であった

（ii）自己株式が第三者に売り出されたときの株価累積超過収益率の平均は＋2・4％であった

自己株式が市場に放出されるときは、需給の緩みにより株価は下落する傾向にあるものの、自己株式が第三者に売却されるときは、新たな提携関係の創出が評価され株価は上昇する傾向にあるようです。

②自社株買いをしない可能性

企業は自社株買いを発表したとしても、自社株買いをする義務まではありません。そのため、自社株買いの発表をしたにもかかわらず、1株も自社株を買わない企業もあります。

例えば、日本特殊陶業（5334）は2022年1月に100億円を上限とする自己株式の取得を発表しましたが、取得期間である2022年2月1日〜2023年1月29日に、1株も自社株を買うことはありませんでした。

日本特殊陶業は自社株買いをしなかった理由について、「持続的な成長の実現を目的とした他社との連携やM＆A等を検討した結果、当該取得期間内での実施には至りませんでした」と述べていますが、それは自社株買いを発表する前に検討するべき事項と言えます。発表したとおりに自社株買いを実施しないことは、株主の期待を裏切る行為であります。私たち個人投資

6）第三者に売却するときも含めて、自社株の処分と言います。

家としては、オオカミ少年に騙されないよう、過去の自社株買い実績なども確認するのがよいでしょう[7]。

③会社の安定性に問題が生じる可能性

先ほどした話と関係しますが、企業が自社株買いをすると自己資本は減少します。自己資本の減少はＲＯＥ向上をさせるメリットもありますが、元々自己資本の小さい企業の場合、自己資本の減少により会社の安定制に問題が生じてくる可能性もあります。だいたい自己資本比率25％くらいを目安として、自己資本比率の低い会社による自社株買いには、少し注意するようにしましょう。

7）日本特殊陶業は２０２３年７月31日にも自己株式の取得を発表しています。これについては２０２３年９月１日付ＩＲ資料を確認する限り、自社株買いを進めているようです。

2 株主優待

株主優待も株主還元の一種となります。また、配当利回りを考えるとき、株主優待を考慮した株主優待込み利回りで計算することもあり、高配当株と株主優待は切っても切れない関係にあります。

ここでは、そのような株主還元の一つであり、高配当株と関連性の高い株主優待をトピックとして話をしていきたいと思います。

(1) 株主優待とは

株主優待とは、企業が株主に対して優待品を提供する制度のことを言います。

優待品として、自社商品・サービスを提供する企業もあれば、自社事業とは関係のない金券やカタログギフトを提供する企業もあり、幅広い種別の株主優待が存在しています。中には、

図6-2　株主優待実施企業数と実施率の推移

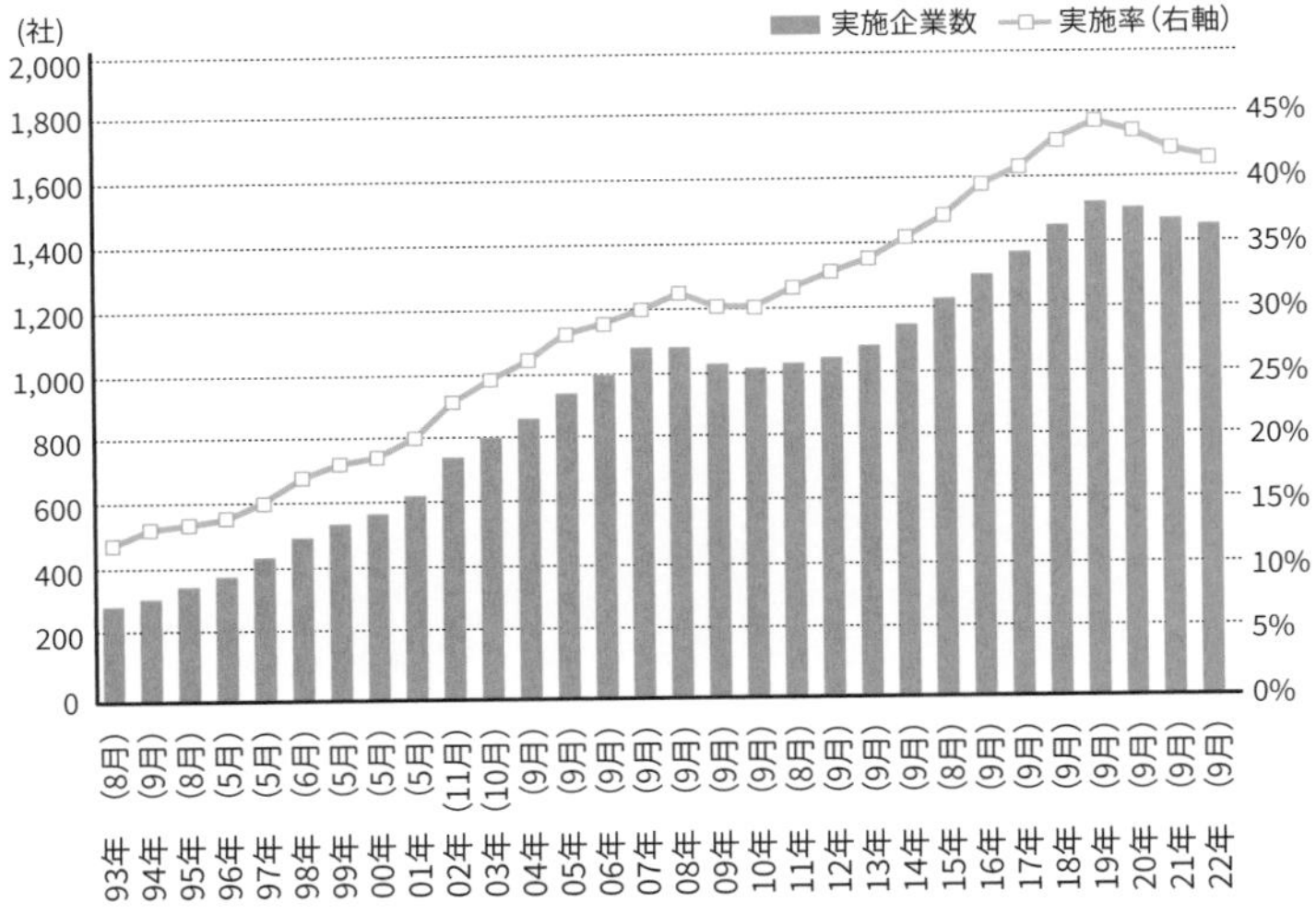

出所：「近年の株主優待の実施動向と、廃止による株価下押し圧力の推計」（元出所は大和インベスター・リレーションズ）

ウィルズ（４４８２）のように株主優待商品交換サイトを主要事業としている上場企業もあります。

株主優待を実施している企業は、２０２２年９月時点で全上場企業の約４割に当たる１４６３社にのぼります。

株主優待実施企業数は過去20年以上にわたって増加傾向にありましたが、２０１９年をピークに頭打ちとなり、２０２０年～２０２２年までは廃止企業数が新設企業数を上回って推移しています（図６-２、出所：「近年の株主優待の実施動向と、廃止による株価下押し圧力の推計」大和総研、２０２３年１月）

（2）株主優待制度の流れ～公平な利益還元と株主平等の原則から

近年の株主優待廃止の理由として一番多く挙げられているのは「公平な利益還元のため」です。

確かに会社法109条1項では、

・株式会社は、株主を、その有する株式の内容及び数に応じて、平等に取り扱わなければならない

と、いわゆる株主平等の原則が定められています。

しかし、実際としては、一般的な株主優待制度の範囲内であれば、次の理由から株主優待制度は株主平等の原則に反していないものと解釈されています。

（i）株主優待制度は営業上のサービスにすぎないこと

（ii）株主間に差があったとしても軽微であること

（ⅲ）同じ株数を持つ株主の間では優待の中身に差がないこと

それでは、一般的に株主平等の原則には反しないと解されている株主優待制度が近年「公平な利益還元のため」廃止されているのはなぜでしょうか。一つには、機関投資家や外国人投資家からの圧力によるところが大きいと考えられます。

機関投資家は、株主優待が送られてきたときは原則換金しますが、**単に配当金をもらうよりも手間がかかってしまいます。**また、株主優待として商品などが送られてきたときは、換金できず扱いが宙に浮いてしまいます（以前私が所属していた会社では、半期ごとに投資先から株主優待としてお菓子が送られ、換金もできないため社員で分けて食べていました）。海外在住の外国人投資家に至っては、そもそも株主優待が送られてきません。

さらに、大株主も単元株主も、もらえる株主優待はほとんど変わらないことが多く、機関投資家や外国人投資家は株主優待制度を廃止してその分増配してくれた方がありがたいと考えているのです。

また、株主優待廃止の動きが出ているもう一つの理由として、**東京証券取引所の方針により、**

企業が株主優待を廃止しやすい環境となっていることも挙げられます。

東京証券取引所は、2021年6月に公表したコーポレートガバナンスコードにおいて、「上場会社は、株主の実質的な平等性を確保すべきである」と述べており、株主によって対応が変わることのある株主優待制度について暗に批判を行っています[1]。

また、東証プライム市場の上場維持に必要な株主数の基準は、2022年4月の市場再編に伴い、2200人から800人へと大幅に緩和され、企業も無理して株主を増やす必要がなくなりました。

このように現状、**株主優待制度の流れとしては新設よりも廃止の方向に傾いており、特に過剰な株主優待を設定している企業や業績不振により経費削減が急務となっている企業については注意が必要**です。

また、最近ではQUOカードやカタログギフトなど、本業とは関係のない株主優待の改悪だ

1）これまで親会社の日本取引所グループ（8697）は株主優待制度を導入しており、言行不一致な点も見られていたのですが、2023年10月に、2025年3月期を最後に株主優待制度は廃止する旨の発表が同社からされました。

けでなく、自社商品・サービスに直接関係する株主優待の廃止も目立っています。私が保有していた銘柄の中でも、複合カフェ「自遊空間」を運営するランシステム（３３２６）や自転車専門店を運営するあさひ（３３３３）は、最近それぞれ自社店舗で使用できる株主優待券贈呈の廃止を発表しました。

（３）株主優待廃止時の株価への影響

株主優待を廃止したとき、株価への影響はどの程度あるものでしょうか。

先述の「近年の株主優待の実施動向と、廃止による株価下押し圧力の推計」は、２０１７年10月〜２０２２年９月に株主優待の廃止を発表した企業の10営業日後の株価平均超過累積リターン（市場全体の動きも考慮）について、次のように報告しています。

（ⅰ）優待廃止のみを公表した企業：▼６％弱

（ⅱ）増配を同日に公表した企業　：▼３％強

株主優待廃止とともに増配を発表した企業は、株主優待廃止のみを発表した企業に比べて株価の下落率は抑えられる傾向にありますが、それでも株主優待廃止は市場から悪材料と捉えられていることがわかります。

（4）株主優待と株主構成

それでは、企業はなぜコストをかけてまで、株主優待を導入しているのでしょうか。

「株主優待実施企業実態調査」（野村インベスター・リレーションズ、2021年2月）によると、株主優待を実施する目的として、「個人株主の増加」を理由として挙げた企業が約6割にものぼっています。

確かに、自社ファンとなる長期保有株主を増やすこと、銀行や事業法人による株式持ち合い解消の受け皿として個人株主を新規に開拓していくことは、上場企業にとって重要な課題の一つであると言えるでしょう。

しかし、個人株主の増加が企業にとって本当にいいことであるのか検討する必要があります。

株主優待を導入した企業の多くは、個人株主の比率が増加するとともに、外国人投資家の比率が減少します。また、個人株主が増加した企業は、次期の収益性、成長性、配当率が低下し、それを織り込む形で株価も下落していく傾向にあります。これは、「モノ言わぬ個人株主」の増加により、企業が収益向上や株主還元のプレッシャーから解放され、経営の規律が低下するためであると考えられます（『会社を伸ばす株主還元』石川博行、中央経済社、2019年5月）。株主構成による株価パフォーマンスの違いについては、「株主構成と株式超過収益率の検証」（光定洋介・蜂谷豊彦「証券アナリストジャーナル」2009年1月）でも示されています。

同論は、2000年から2006年の7年間における、

（ⅰ）機関投資家ポートフォリオ：外国人持株比率が上位25％以上かつ、事業法人持株比率が下位25％未満のポートフォリオ

（ⅱ）安定株主ポートフォリオ：外国人持株比率が下位25％未満かつ、事業法人持株比率が上位25％以上のポートフォリオ

の超過収益率について調べ、次の結果を報告しています。

①「（ⅰ）機関投資家ポートフォリオ」の株式超過収益率は、「（ⅱ）安定株主ポートフォリオ」

のそれを38・3％上回っていた

②①がもたらされた要因の一つとして、市場志向的[2]ガバナンスの働きやすい株主構成を持つ企業の経営者が株主を重視するようになり、投資家のエージェンシーコストの見積額が相対的に減少したことが考えられる

日本企業はこれまで、取引関係の強化や経営の安定化を目的に事業会社や金融機関などと株式を持ち合い、それぞれお互いの経営方針にはあまり口をはさんできませんでした。

そのような株式持ち合い解消の受け皿として、事業会社や金融機関と同じようにうるさいことをあまり言ってこない個人を新しく株主に迎え入れたいという企業の考えは、ある程度理解できます。

しかし、企業の永続性や株主価値向上の観点から考えると、外国人投資家のように収益向上や株主還元を重視し、経営陣にプレッシャーをかけられる株主が多く存在する方が、企業にとっても長期的にはプラスになると思われます。

2）市場のニーズを戦略の中心に据える考え方のこと。

確かに株主優待はもらえると嬉しく、個人投資家にとって大変ありがたい制度ではあります。

しかし、「株主優待が充実している企業」＝「個人株主が多く、外国人投資家が少ない」＝「株価のパフォーマンスは劣る」傾向にあると言えることからも、投資を検討する際、株主優待の有無はあまり重視しすぎない方がよいかもしれません。

第7章

さわりだけは押さえておきたい投資教養

1 テクニカル指標に基づく売買

ここからは、高配当株に限らず、株式投資を行う上で覚えておいて損はないかと思われることについてお話ししていきます。

（1）順張りと逆張り

株を購入するタイミングは大きく分けて、株価が上昇しているときに買う「順張り」と、株価が下落しているときに買う「逆張り」の2つがあります。

「順張り」と「逆張り」の判断は、例えば、株価が移動平均線[1]を上回っているときに「順張り」で買う、デッドクロスを形成したときに「逆張り」で買うなど、主として株価チャートを基にして行います。

それでは、順張り投資と逆張り投資、どちらの手法の方が儲かると言えるのでしょうか？

『手法作りに必要な〝考え〟がわかる　データ検証で「成績」を証明　株式投資のテクニカル分析　売買ルール集』（若林良祐、パンローリング、2021年9月）は、2005年1月〜2020年9月の東証全市場の個別銘柄の株価データから、様々な「順張り」「逆張り」指標のシグナル（例えば25日／75日移動平均線クロスやMACDのクロスなど）をもとに売買したときの投資成績について検証を行っています。

テクニカル指標[2]として有名な一目均衡表やMACDのクロスに基づき売買したときは最終利益率がマイナスとなるなど、意外にも思える結果が得られる中、本書は「順張り」「逆張り」指標に基づく売買について、次のような見解を示しています。

①順張り型は、勝率は低いものの損小利大[3]となり、逆張り型は、勝率は高いものの損大利小[4]となる傾向にある

1）一定期間の価格から平均値を計算し、折れ線グラフで表したもの。
2）移動平均線、株価チャートなど、株価データのパターンを表したもの。
3）損失は小さく、利益は大きいこと。
4）損失は大きく、利益は小さいこと。

②逆張り型よりも順張り型の方が、成績は良くなりそう
③株式投資における売買ルール作りのポイントは、中長期的な上昇トレンドにある銘柄を短期的な逆張りで仕掛けること[5]

「順張り」「逆張り」ともに成功するときと失敗するとき両方があり、状況に応じて臨機応変に対応することが必要となりますが、**どちらかと言うと「順張り」投資の方が勝率は高くなりそうです。**

少なくとも下げ局面において、「何となく下げ過ぎではないか？　そろそろ反発してもいいのではないか？」といった個人の感覚に基づいて株を買うことは避けた方が無難でしょう。

（2）移動平均線

それでは、どのテクニカル指標を使って、どのタイミングで株を買えば勝率は高まるのでしょ

5）なお、同書において一番大きな利益が得られた売買ルールは、「ADXとボラティリティによる短期押し目買い戦略」（利益率1699％）で、逆に一番大きな損失が生じた売買ルールは「14日スローストキャスティクスを使用した売買ルール」（利益率▼92％）でした。

表7-1　移動平均線ごとの、日経平均上昇率平均×1,000

	5日移動平均線		25日移動平均線		75日移動平均線		200日移動平均線		
	上	下	上	下	上	下	上	下	総計
2001-2005	0.09	0.41	0.13	0.35	0.33	0.14	0.55	-0.07	0.23
2006-2010	-0.74	0.38	-0.37	-0.04	-0.08	-0.35	0.01	-0.42	-0.21
2011-2015	0.54	0.68	0.54	0.69	0.68	0.47	0.42	0.93	0.60
2016-2020	0.54	0.18	0.23	0.64	0.34	0.45	0.20	0.69	0.38
2021-2023	0.17	0.64	-0.17	1.02	0.00	0.82	0.07	0.84	0.38
期間トータル	**0.13**	**0.44**	**0.12**	**0.45**	**0.30**	**0.22**	**0.27**	**0.26**	**0.27**

図7-2　各移動平均線より上にあるとき・下にあるときの日経平均上昇率平均×1,000

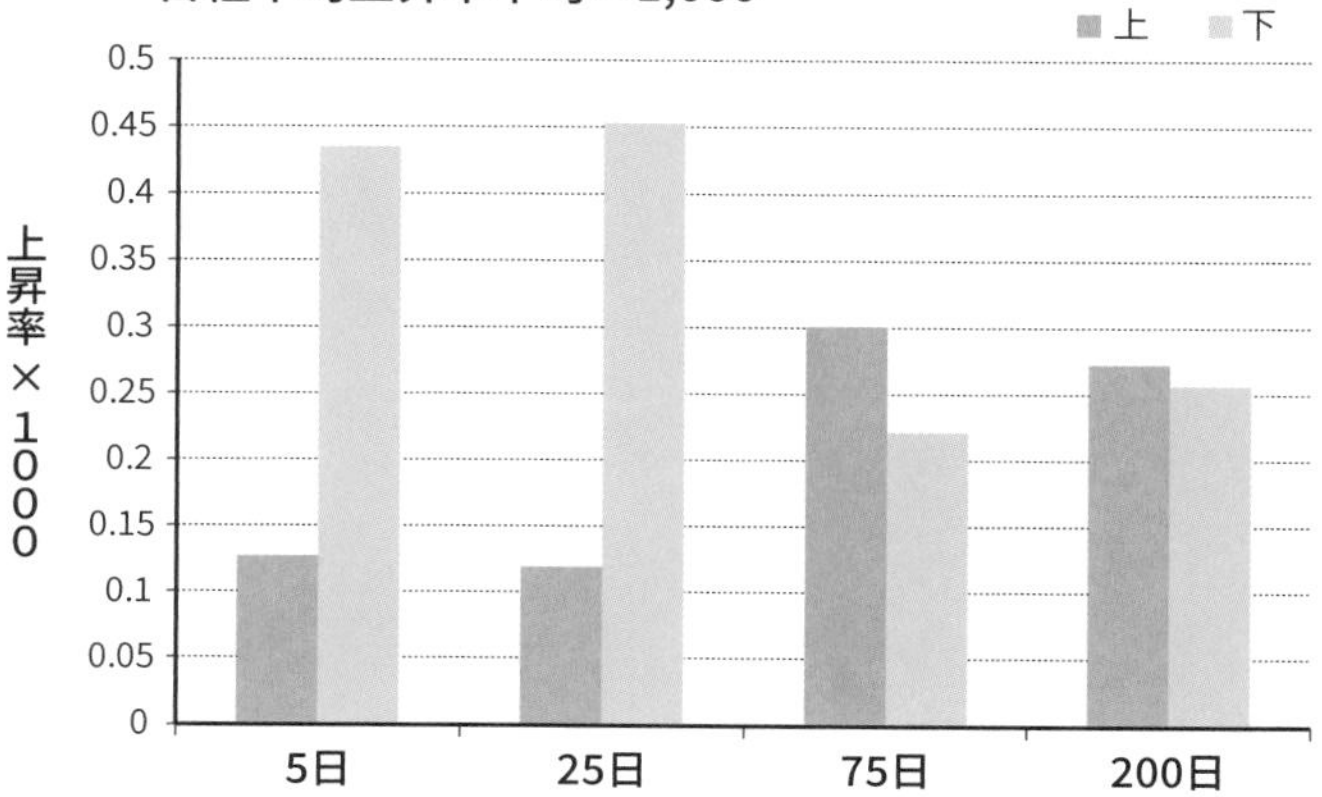

うか。

実際に２００１年１月～２０２３年６月の日経平均株価日次データを用いて検証してみました[6]。

表７－１、図７－２は、５日・25日・75日・２００日の各移動平均線より株価が上または下にあるときの、１日あたり日経平均株価上昇率平均×１０００を示したものです。

結果と結論を次にまとめます。


【結果】

①短期トレンドを計る指標として代表的な5日・25日移動平均線について、「株価が移動平均線より上にあるときの上昇率」＜「株価が移動平均線より下にあるときの上昇率」であった

②特に25日移動平均線は、５年ごとに区切った全ての年度範囲において、「株価が移動平均線より上にあるときの上昇率」＜「株価が移動平均線より下にあるときの上昇率」となっており、その差も比較的大きかった

③株価が移動平均線より上にあるときに買うことで良いパフォーマンスが得られそうなのは、75日移動平均線だけであった（２００日移動平均線は、株価が移動平均線より上のと

きも下のときも上昇率は大きく変わらず）

④その75日移動平均線も２０１６年以降は、「株価が移動平均線より上にあるときの上昇率」＜「株価が移動平均線より下にあるときの上昇率」となっており、万能な指標であるとは言い難い。また、株価が75日移動平均線より下にあるときも、期間トータルでの上昇率はプラスとなっており、株価が移動平均線を下回ったときに売っていては、そのときの収益機会を逃すことにもなりかねない。

【結論】

単純に株価が１つの移動平均線より上にあるから買う、下にあるから売る、という投資戦略はあまり有効ではなく、今がトレンド継続相場なのか、レンジ相場なのか等も考慮に入れて投資戦略をたてる必要があると思われます。

(３)ゴールデンクロスとデッドクロス

6）期間による数値傾向の違いを確認するため、年度範囲を5年ごとに区切っています。また、比較参考として、同期間の一日当たりの日経平均株価平均上昇率は０・27×10^{-3}でした。

図7-3　ゴールデンクロスとデッドクロス

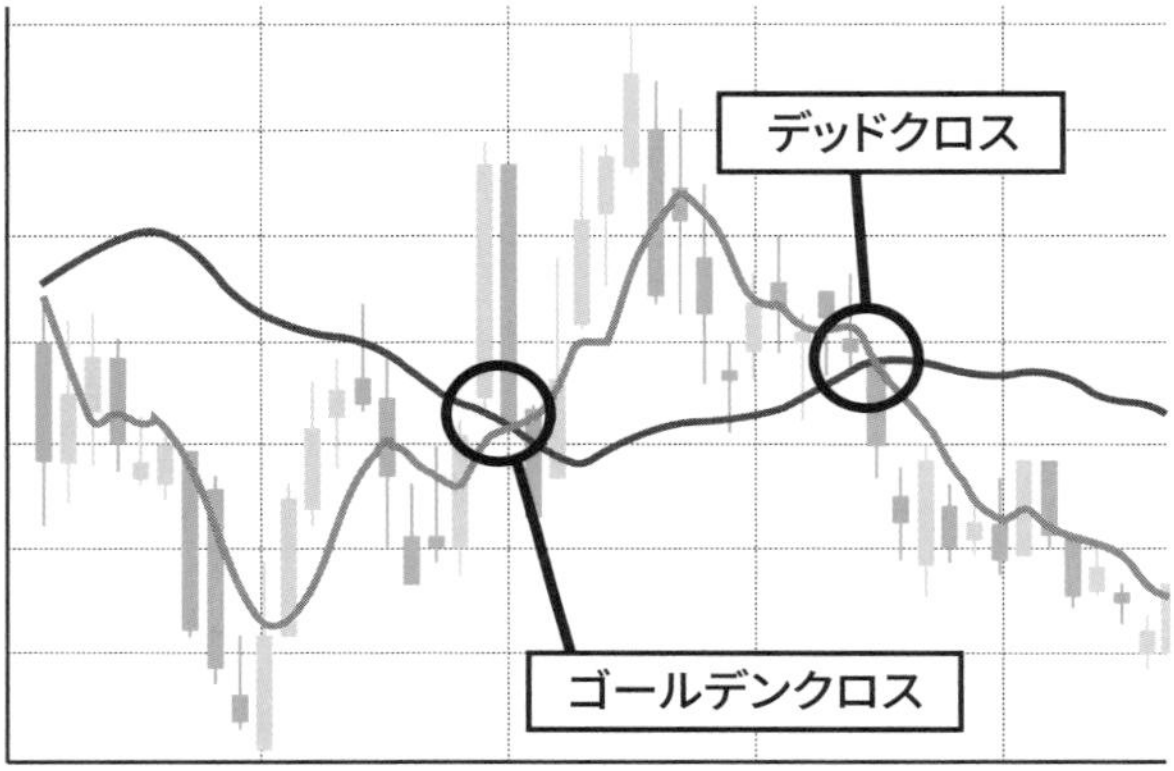

ゴールデンクロスは、株価チャート上で短期の移動平均線が長期の移動平均線を下から上に突き抜ける状況のこと、デッドクロスは、逆に短期の移動平均線が長期の移動平均線を上から下に突き抜ける状況のことを指します（図7－3）。**一般的にゴールデンクロスやデッドクロスは、市場のトレンド転換点を捉えるときなどに使用されます。**

表7－4、図7－5は、複数の移動平均線組み合わせによるゴールデンクロス・デッドクロス形成時の、一日あたり日経平均株価上昇率平均×1000を示したものです。

結果と結論を次にまとめます。

表7-4　ゴールデンクロスごとの、日経平均株価上昇率平均×1,000

	5日・25日移動平均線		25日・75日移動平均線		75日・200日移動平均線		
	ゴールデンクロス	デッドクロス	ゴールデンクロス	デッドクロス	ゴールデンクロス	デッドクロス	総計
2001-2005	0.52	-0.08	0.41	0.08	0.60	-0.11	0.23
2006-2010	-0.19	-0.23	-0.09	-0.35	-0.07	-0.35	-0.21
2011-2015	0.76	0.36	0.25	1.22	0.43	0.92	0.60
2016-2020	0.26	0.58	0.30	0.51	0.23	0.63	0.38
2021-2023	0.38	0.37	-0.28	1.16	0.20	0.60	0.38
期間トータル	0.35	0.15	0.17	0.40	0.29	0.24	0.27

図7-5　ゴールデンクロス・デッドクロス形成時の日経平均株価上昇率平均×1,000

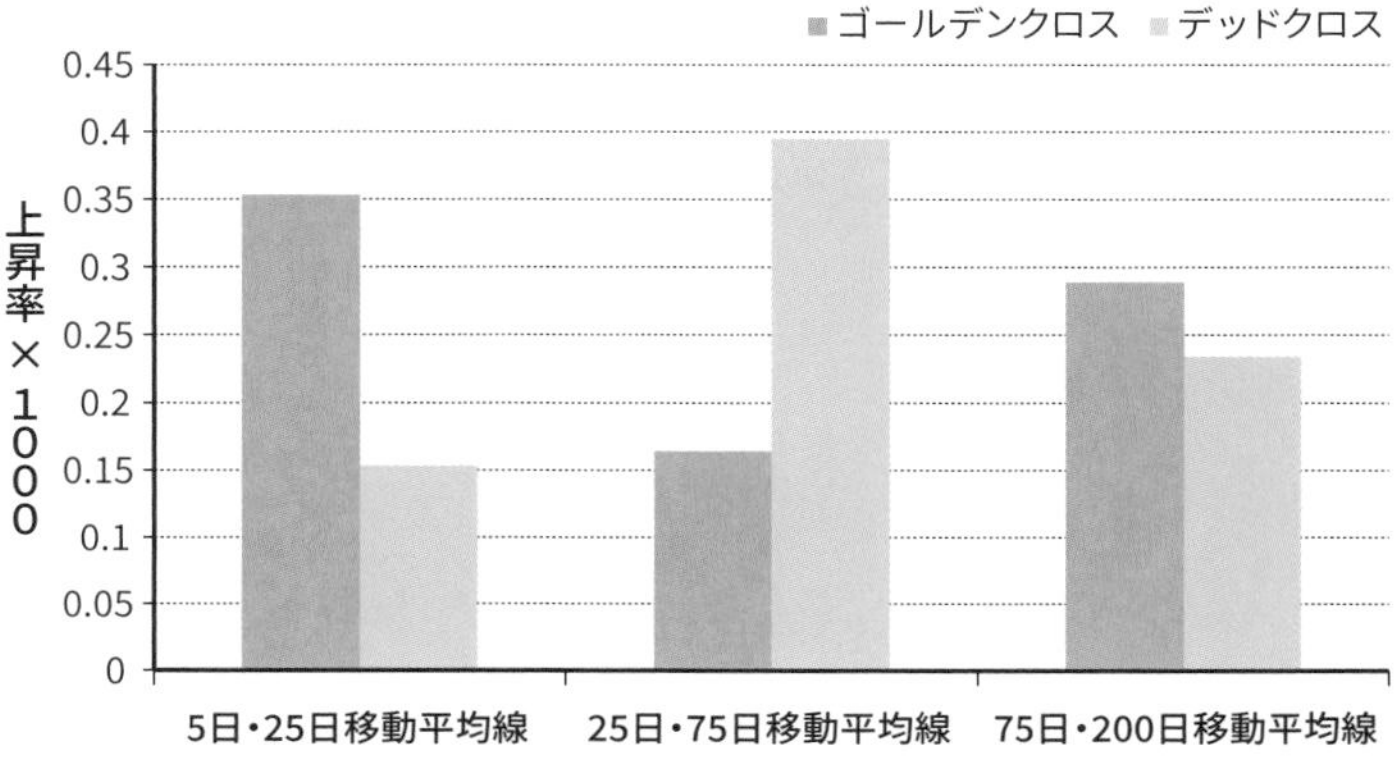

【結果】

①移動平均線が5日と25日、75日と200日の組み合わせでは、日経平均株価上昇率は、「ゴールデンクロス形成時」＞「デッドクロス形成時」であった。ただし、2016年以降を中心に「ゴールデンクロス形成時」＜「デッドクロス形成時」となる期間も見られ、万能な指標であるとは言い難い

②代表的な組み合わせの一つである25日と75日の移動平均線組み合わせでは、日経平均株価上昇率は、「ゴールデンクロス形成時」＜「デッドクロス形成時」であり、その差も比較的大きかった。

【結論】

ゴールデンクロス／デッドクロスは、それぞれ買い／売りシグナルとして紹介されることも多い代表的なチャートパターンですが、

（ⅰ）ゴールデンクロス／デッドクロス形成時に株価が下落する／上昇する「だまし」がよく発生する

（ⅱ）トレンド転換把握のタイミングが少し遅れる

(ⅲ)レンジ相場ではゴールデンクロス／デッドクロスが出現してもすぐに反転するため、使いどころが難しい

などの理由から、決して万能の指標ではなく、移動平均線の組み合わせ次第で結果も変わってくることには注意が必要かと思われます。

(4)トレンド最善戦略

それでは、ここまで上昇傾向を示していた指標をすべて組み合わせたときの日経平均株価上昇率はどうなるでしょうか。

表7－6は、以下(ⅰ)～(ⅲ)をすべて満たしているとき(「トレンド最善戦略時」と呼びます)の日経平均株価上昇率平均×1000を示したものです。

表7-6　トレンド最善戦略形成時の日経平均上昇率平均×1,000

	トレンド最善戦略形成		
	○	×	全体
2001-2005	0.98	-0.03	0.23
2006-2010	-0.05	-0.26	-0.21
2011-2015	0.86	0.48	0.60
2016-2020	0.32	0.42	0.38
2021-2023	0.12	0.46	0.38
期間トータル	**0.50**	**0.17**	**0.27**

（ⅰ）株価が75日移動平均線より上にある
（ⅱ）5日・25日移動平均線組み合わせによりゴールデンクロスを形成している
（ⅲ）75日・200日移動平均線組み合わせによりゴールデンクロスを形成している

結果と結論を次にまとめます。

【結果】
①期間によっては逆の傾向が見られるときもあるが、2001年～2023年の期間トータルでは、トレンド最善戦略時の方がそれ以外のときよりもパフォーマンスは高い
②ただし、トレンド最善戦略時以外のときも、期間トータルでの上昇率はプラスとなっており、そのときに売っていては収益機会を逃すかもしれないという課題はある

【結論】
【結果】②に示した課題はあるものの、トレンド最善戦略時に株を保有することでパフォーマンスが向上する可能性はあります。なお、トレンド最善戦略時は期間トータルのうち29％を占めており、この戦略により収益を狙える機会はそれなりに多くあるものと思われます。

2 ROEと投資パフォーマンスのちょっと意外な関係

（1）ROEとは

ROE（自己資本利益率）は、株主の出資金を元手に企業がどれだけ効率的に利益を上げられているかを測るための指標です。投下した資本に対して企業がどれだけ利益を上げられているかは、投資家にとっても関心の高い事項であり、投資をする上でROEは重要な指標の一つとなります。

・A社：出資金2000万円で1000万円の利益を稼ぐ
・B社：出資金20億円で1000万円の利益を稼ぐ

を比較すると、B社よりA社の方が少ない元手から効率よく収益を上げていると言うことができます。その場合、投資家からはB社よりA社の方が好まれ、株価もA社の方が高く付く傾向にあります。

ＲＯＥは、当期純利益を自己資本で割った次の式で表され、業種によって違いはあるものの、一般的に10％以上の企業は優良とされています。

・ＲＯＥ＝当期純利益÷自己資本×１００

また、ＲＯＥの式は、分解することにより以下で表すこともできます。

・ＲＯＥ＝売上高純利益率（当期純利益÷売上高）×総資本回転率（売上高÷総資産）×財務レバレッジ[1]（総資産÷自己資本）

すなわち、ＲＯＥを向上させるには、会社の利益率を高めるか、資本の回転速度を高めるか、他人資本の有効利用を進めるか、いずれかが必要になってきます。

（２）ＲＯＡとＲＯＥ

企業の効率性を測る指標として、ＲＯＥの他にＲＯＡ（総資産利益率）もよく用いられます。ＲＯＡは、当期純利益を総資産で割った次の式で表され、ＲＯＡも業種によって違いはあるものの、一般的に5％以上の企業は優良とされています。

・ＲＯＡ＝当期純利益÷総資産×１００

ＲＯＥは、会社の自己資本に対してどれだけ効率的に収益が得られているかを測る指標ですが、ROAは会社の総資産に対してどれだけ効率的に収益が得られているかを測る指標となります。

また、ROAの式は、分解することにより以下で表すこともできます。
・ROA＝売上高純利益率（当期純利益÷売上高）×総資本回転率（売上高÷総資産）
ROAを向上させるには、売上高純利益率と総資本回転率を上げるなど事業性の強化が必要であること、ROEを向上させるには、事業性強化に加えて、借入金など他人資本の有効活用も必要となることから、私は次のイメージを持ってROAとROEを用いています。
・ROA：ビジネスモデルの優秀性を表す指標
・ROE：ビジネスモデルの優秀性と経営陣の能力を表す指標

（3）ROE日米比較

よく日本企業はアメリカ企業に比べて資本効率が低いと言われています。実際、2021年のROEを比較すると、日本は8％台、アメリカは18％台と大きく差がついています（「日本

1）総資産が自己資本の何倍になるかを表したもの。借入金や社債など負債の活用度を示します。

株にまつわる5つの誤解」三井住友DSアセットマネジメント、2022年7月)。

この差異の原因について、『勝てるROE投資術』(広木隆、日経BPM、2014年11月)は、日本企業はアメリカ企業に比べて売上高純利益率が低いためであると指摘をしています。

表7－7に示す通り、**総資本回転率と財務レバレッジは日本の方がアメリカより優れているのに対して、売上高純利益率は日本の方が大きく劣っているため、日本企業のROEはアメリカ企業より低い数値となっている**のです。

(4) 高ROE銘柄のパフォーマンス

それでは、単純にROEの高い企業の株を買えば儲けることができるのでしょうか。先述の『勝てるROE投資術』はそれについて興味深いデータを提示しています。

図7－8は、東証一部の銘柄をROEの高い順に5つのグループに分け、1年後のリターンを調べまとめたものです(同書中に時期の明記はありませんが、1999年～2014年のデータと推定します)。**意外なことに、ROEの高いグループほどパフォーマンスは低く、ROEの低いグループほどパフォーマンスは高いという結果が得られています。**

このROEが高いグループほどパフォーマンスが低くなる要因について、同書は次の推察をしています。

①織り込み済みの高ROE：ROEが高い企業の株価には、既に「高ROE」銘柄としての評価がなされているため

②ROEの平均回帰性：高ROE企業のROEは、期間を経るごとに下がりやすく、逆に低ROE企業のROEは上がりやすいため

③ROEとPBRの関係：次の（ⅰ）〜（ⅲ）から、低ROE銘柄は高リターンを生み出しやすいため

（ⅰ）PBR＝PER×ROEの関係からPERが一定ならばPBRとROEは比例する

（ⅱ）低ROE銘柄は低PBR銘柄であることが多い

（ⅲ）低PBR銘柄への投資は高いリターンを得やすい

また、同書は様々なデータを用いながら、ROEを用いた次の投資戦略を提案しています。

④予想ROEが今後改善しそうな銘柄を探す

⑤PER・PBRと組み合わせて、高ROEが株価に織り込まれていない銘柄に投資する

表7-7　日米ROE分解比較

	ROE	売上高純利益率	総資本回転率	財務レバレッジ
東証一部	8.6%	4.1%	0.37回	5.6倍
アメリカ主要500社	15.2%	9.6%	0.34回	4.6倍

出所：『勝てるROE投資術』（元出所はマネックス証券）

図7-8　ROEグループごとの平均リターン

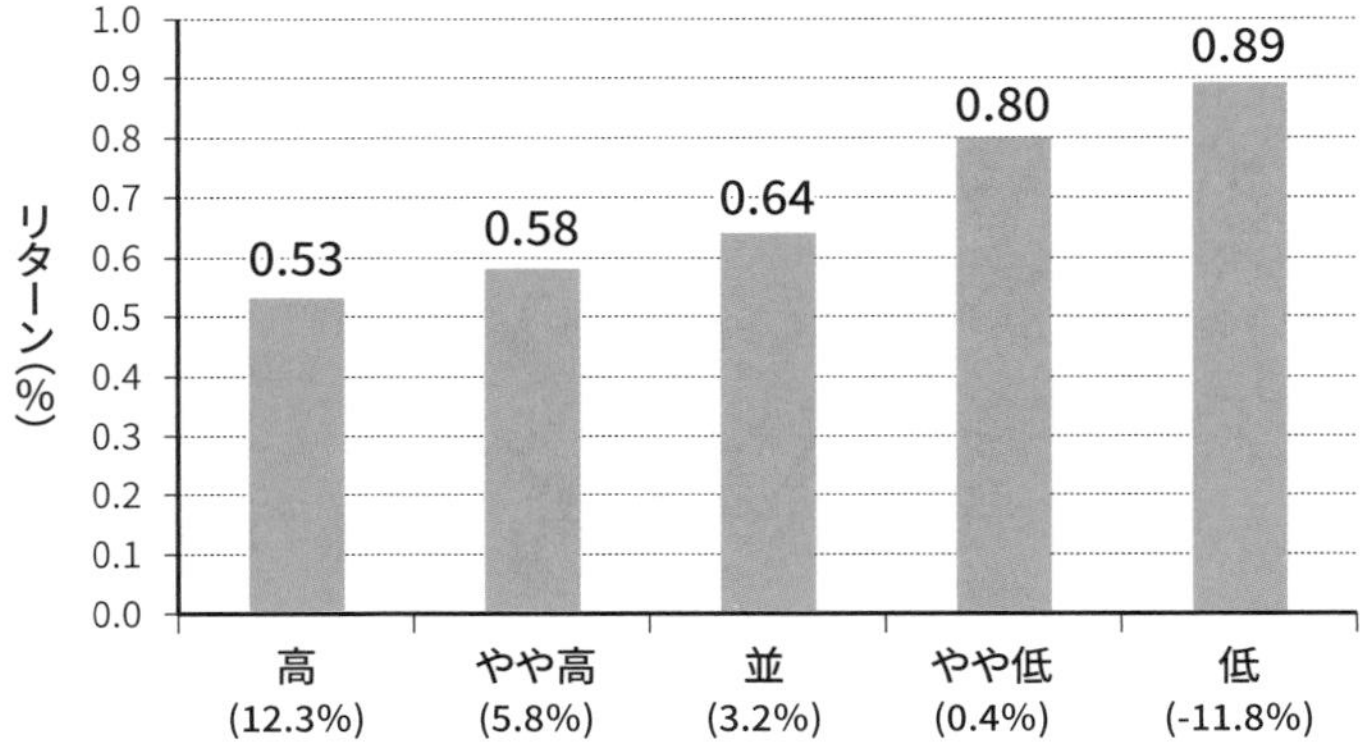

出所：『勝てるROE投資術』

⑥次の３つをポイントとして、高いＲＯＥを維持できる企業を選ぶ
（ⅰ）自己資本比率が高いこと
（ⅱ）売上高が伸びていること
（ⅲ）営業利益率が高いこと

少し高配当株とは外れるかもしれませんが、ＲＯＥを軸として投資する場合は、上記条件を参考にしてもよいかと思います。

3 迷ったら業界首位を買っておけばいい理由

（1）業界首位銘柄の優位性

特定の業界の株を買いたいものの、どの銘柄を買えばいいのかよくわからないときは、とりあえず業界首位の株を買ってみてはいかがでしょうか。

例えば、鉄鋼業界であれば日本製鉄（５４０１）、海運業界であれば日本郵船（９１０１）、銀行業界であれば三菱ＵＦＪフィナンシャル・グループ（８３０６）が業界首位の銘柄となります。

業界首位の企業は、次の点などで2位以下の企業より優れていると言えます。

①製品・サービスの開発力・技術力・マーケティング力が高い
②生産力や供給力の高さから低いコストで製品・サービスを提供できる

③知名度や高い給与水準から優秀な人材を採用することができる
④高いブランド力により製品・サービスが顧客に選択される

その他、『千年投資の公理』（パット・ドーシー、パンローリング、2014年11月）は、経済的堀[1]を見極めるためのフレームワークとして、次の4つを挙げています。

- ブランド、特許、行政の認可などの無形資産を持つ企業は、ライバル企業がかなわない製品やサービスを販売できる
- 販売している製品やサービスが顧客にとって手放しがたいものであれば、乗り換えコストが少しでも余計にかかることによって顧客離れを防ぎ、価格決定力を企業の方に与える
- ネットワーク経済の恩恵を受ける一部の幸運な企業には、長期間ライバルを閉め出すことができる強力な経済的な堀がある
- 最後に、生産過程や場所、規模、独自のアクセスなどによって製品やサービスをライバルよりも安い価格で提供できる企業にはコスト上の優位性がある

1）競合他社を寄せ付けず、長期にわたって経済的利益の創出を可能にする競争優位性のこと。

これらは業界下位の企業よりも首位の企業の方がよく当てはまり、その分業界首位の企業は市場から高い評価を受ける（高い株価となる）ことになります。

業界を決め打ちして株を買いたいけれど、**どの企業の株を買えばいいかわからないというときは、とりあえず業界首位の株を買うことをお勧めします。**

（2）業界3位と4位との差

また、余談ではありますが、ある程度寡占[2]が進んでいる業界においては、業界3位までの企業と4位の企業との間に圧倒的な差が生じていることも多くあります。次に①銀行、②コンビニチェーン、③携帯電話業界の首位から4位までの企業を数値とともに挙げてみました（図7－9～11参照）。

①銀行（2023年3月期の経常収益）

1位　三菱ＵＦＪフィナンシャル・グループ：9兆2810億円
2位　三井住友フィナンシャルグループ：6兆1421億円
3位　みずほフィナンシャルグループ：5兆7787億円

4位　りそなホールディングス：8679億円

②コンビニチェーン（2023年1月時点の店舗数）

1位　セブンイレブン：2万1111店

2位　ファミリーマート：1万6314店

3位　ローソン：1万3735店

4位　ミニストップ：1868店

③携帯電話（2022年12月時点のMVNO含むシェア）

1位　NTTドコモ：42%

2位　KDDI：30%

3位　ソフトバンク：26%

4位　楽天グループ：2%

2）同一産業内で、少数の企業がその市場を支配している状態のこと。

図7-9　銀行・経常収益

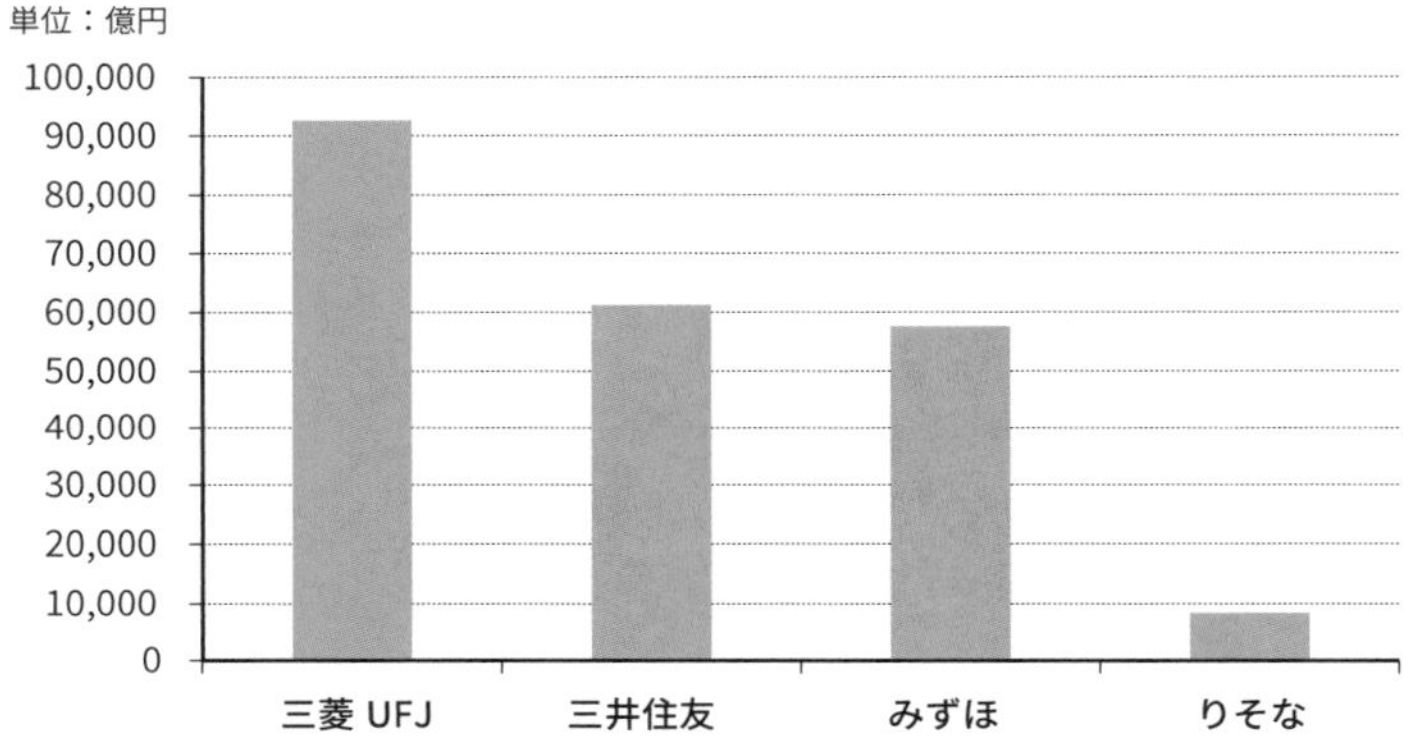

図7-10　コンビニチェーン・店舗数

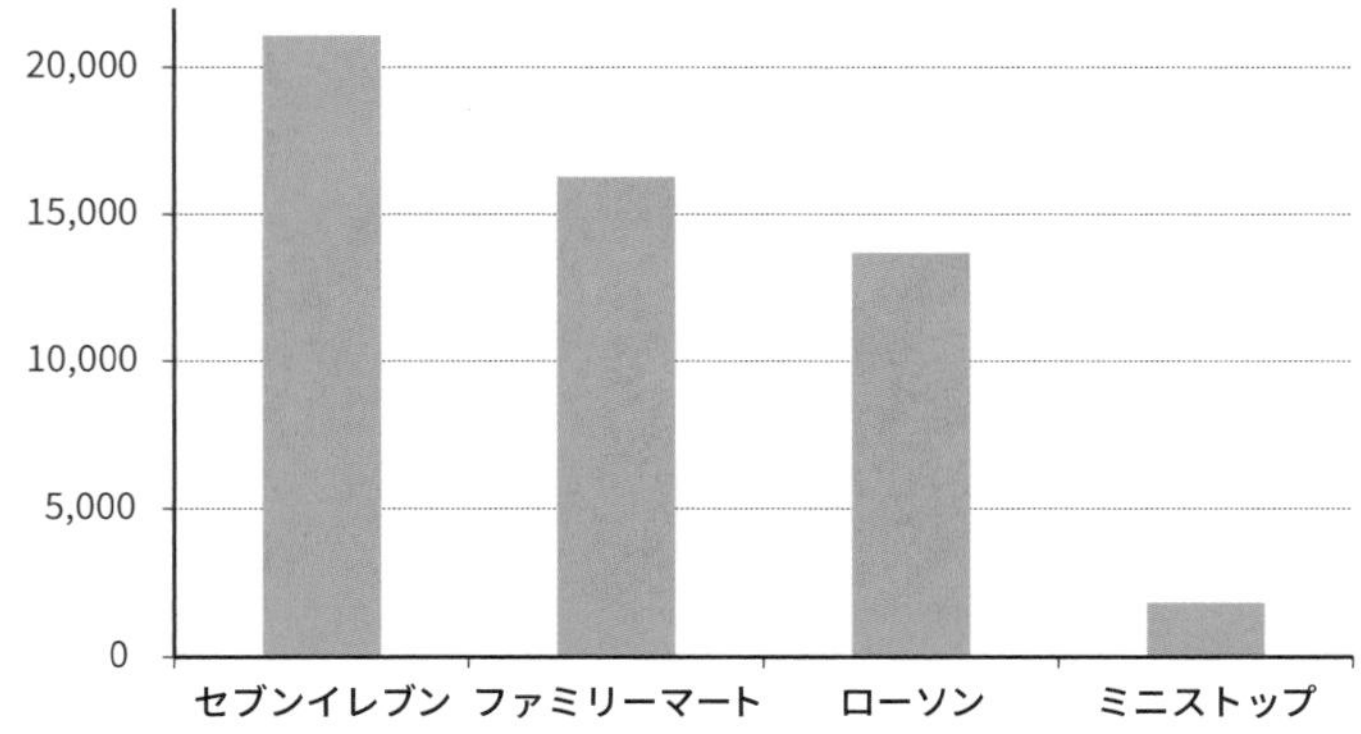

図7-11　携帯電話・シェア

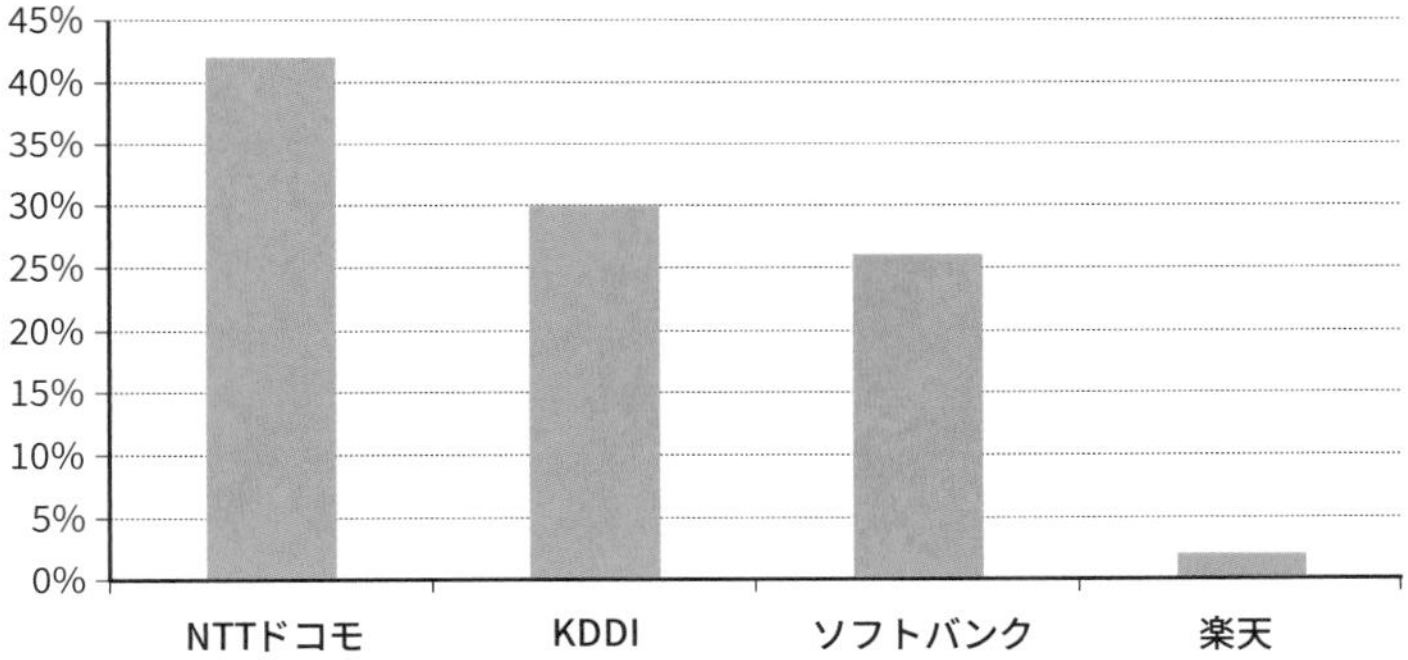

結果論かもしれませんが、上記のような数値込みの業界ランキングを見ると、3位まで寡占状態であり、かつ既に成熟していた携帯電話業界に膨大な資金を投入して参入した楽天は無謀であったと言えるかもしれません。

企業の業界内での立ち位置を考えるとき、業界再編後の全体像を考えるときなどに、比較的寡占の進んでいる業界において存在感を示すことができるのは3位まで、と覚えておいて損はないかもしれません。

4 「ピンチ」か「チャンス」か全体急落時の逆張り買い

「賢明な投資家というのは、楽観的な人間に株を売りつけ、悲観的な人間から株を買い取るリアリストのことだ」（ベンジャミン・グレアム）

（1）市場全体が大きく下げたとき

全体的に株価が大きく下げたときは、精神的なダメージもありますが、同時に株購入のチャンスでもあります。株式市場には数年に一度、必ず大暴落と言っていいほどの大きな下げがきます。

2000年以降でも、ITバブル崩壊（2000年）、アメリカ同時多発テロ（2001年）、ライブドアショック（2006年）、リーマンショック（2008年）、東日本大震災（2011年）、チャイナショック（2015年）、コロナショック（2020年）など数々の局面において株価は大きく下げました。表7-12に示す通り、2001年1月~2023年8月の期間中、日経平均の下げが5%を超えていた日は29日もありました。

このように市場全体が大きく下げたときは、業績好調かつ、景気の影響をあまり受けない銘柄の買いを狙いたいところです。

市場全体が急落したときの買いの目途は、信用評価損益率[1]を参考にするとよいでしょう。一般的に個人投資家は利益が出ると早々に利益を確定させ、損失が出るとそのまま塩漬けすることが多いため、信用評価損益は通常、だいたい0%~▼20%あたりを動いています。市場の下げにより信用評価損益が▼15%を下回ってくると、追加証拠金[2]が発生する個人投資家も多く出てくるようになります。

さらに、信用評価損益率が▼20%を下回ると、フルレバレッジで信用買いをしている投資家の多くは保有株式を投げ売りせざるを得ない状況になっています。このくらいのときは、株価

1) 信用取引で株式の売買をしている投資家が買い建てた銘柄の含み損益の割合。
2) 委託保証金を追加で差し入れなければならない状態のこと。

表7-12　日経平均下落率ランキング（2001年以降）

日付け	前日終値	当日終値	下落幅	下落率
2008/10/16	9,547	8,458	-1,089	-11.41%
2011/03/15	9,620	8,655	-965	-10.04%
2008/10/10	9,157	8,276	-881	-9.62%
2008/10/24	8,461	7,649	-812	-9.60%
2008/10/08	10,156	9,203	-953	-9.38%
2016/06/24	16,238	14,952	-1,286	-7.92%
2013/05/23	15,627	14,484	-1,143	-7.32%
2008/11/20	8,273	7,703	-570	-6.89%
2008/10/22	9,306	8,675	-632	-6.79%
2001/09/12	10,293	9,610	-683	-6.63%
2008/11/06	9,521	8,899	-622	-6.53%
2008/10/27	7,649	7,163	-486	-6.36%
2013/06/13	13,289	12,445	-844	-6.35%
2008/12/02	8,397	7,864	-534	-6.35%
2011/03/14	10,254	9,620	-634	-6.18%
2020/03/13	18,560	17,431	-1,129	-6.08%
2008/01/22	13,326	12,573	-753	-5.65%
2008/12/12	8,721	8,236	-485	-5.56%
2007/08/17	16,148	15,274	-875	-5.42%
2016/02/09	17,004	16,085	-919	-5.40%
2016/11/09	17,171	16,252	-920	-5.36%
2008/11/13	8,696	8,239	-457	-5.25%
2013/05/30	14,326	13,589	-737	-5.15%
2003/10/23	10,890	10,335	-554	-5.09%
2020/03/09	20,750	19,699	-1,051	-5.07%
2001/09/17	10,009	9,504	-504	-5.04%
2001/03/29	13,766	13,072	-693	-5.04%
2018/12/25	20,166	19,156	-1,010	-5.01%
2008/10/31	9,030	8,577	-453	-5.01%

の底入れが近づいており、買いのチャンスとも言えます。

信用評価損益率が▼15％を下回る水準で買いの準備をはじめ、▼20％を下回るタイミングで、精神的な余裕を持ちつつ、少しずつ逆張りで買いを入れてもよいでしょう。

なお、図7-13で示すように、信用評価損益率は松井証券のサイトから確認することができます。

（2）配当金総額を軸としたポートフォリオ価値評価

ただ、実際問題としては、全体が暴落している

図7-13

信用取引指標(松井証券店内)

11/15(水)

信用残速報

	信用残(億円)	評価損益率(%)
売り残	432.33	-13.726
買い残	2,832.50	-8.171
※倍率	6.552倍	

※ 権利落ち日の評価損益率はみなし数値を使用しています。

松井証券 HP より引用（https://www.matsui.co.jp/market/stock/netstock-info/）

中で株を買うことはなかなか勇気のいることでもあります。また、株価暴落によって含み益が急速に失われたり、損失が急拡大したときの精神的ダメージは非常に大きく、食事が喉を通らなくなったり、仕事が手につかなくなったりと、日常生活に支障が生じてくることもあります。

そのような**暴落時にも精神の安定性を保ち、冷静な投資判断ができるようにするため、特に高配当株を中心に投資をしている方には、自身のポートフォリオ価値評価の軸を保有資産総額ではなく、配当金総額に置くことをお勧めします。**

例えば、配当利回り4％の株式を1０００万円分保有していたとします（年間の配当金は40万円）。ある日、市場全体の暴落により、株式の評価額が８００万円に下がったとします。しかし、この場合であっても、1年間にもらえる配当金は40万円と変わることはありません（配当利回りは5％にアップします）。

もちろん、その後業績悪化により配当金が減る可能性はあります。しかし、減配実績の少ない、安定した業績の高配当株を中心に買っていれば、そこまで大きく配当金総額が減るということはないと思われます。

ポートフォリオ価値評価の軸を保有資産総額としたときは、

・保有資産総額20％減↓精神的ダメージ大

となるところ、ポートフォリオ価値評価の軸を配当金総額とすることにより、

・配当金総額変わらず↓精神的ダメージほとんどなし

とすることができるのです。

この評価軸の考え方を取り入れておけば、大暴落時など市場が混乱しているときでも冷静に売買の判断をすることができるようになります。

実際コロナショックのとき、私はこの考え方により連日大暴落が続く中、実ビジネスへの影響がそれほど大きくなさそうな高配当株やREITを毎日少しずつ買い、結果として大きく利益を上げることができました。

期待値の高い投資をするためには、いついかなるときでも精神状態を安定させることが必要となります。市場の動きに翻弄されず、常に安定した精神状態を保っておくためにも、配当金総額によりポートフォリオ価値を評価することをお勧めします。

5 設備投資の大きな企業は買い？

設備投資とは、生産設備の新設、生産能力の拡大、老朽設備の更新・補強、情報化など、企業が設備に関して行う投資のことを言います。製造・通信・電力・陸運業などは、一般的に多額の設備投資が必要となります。

これら設備投資の大きな企業は、それまで膨大な金額を先行投資してきたという点において経済的堀を築いており、他社より優位な立場にあるという側面もあります。

しかし、株式パフォーマンスの観点から見ると、設備投資の大きな企業ほど投資リターンは低くなる傾向にあることがわかっています。

前掲の『株式投資の未来』は、1957年〜2003年の期間において、S&P500各銘柄の対売上設備投資比率を算出し、その比率の順にグループを5つに分け、それぞれの株価リターンを比較しました。

結果、年平均リターンは次のような数字となり、対売上設備投資の大きさによって、年平均で5・2％ものリターン差が生じていることがわかりました。

- 設備投資が最も小さいグループ：14・8％
- 設備投資が最も大きなグループ：9・6％

製造業を中心として、日本の企業が世界の有力な企業を相手に勝ち残っていくためには、今後も多額の設備投資が必要となってくることでしょう。

もちろん、そういった企業を応援したい気持ちは大いにあります。しかし、多額の設備投資を必要とする企業は、株式パフォーマンスがあまり良くないという客観的な事実も、頭の片隅に置いておいてよいかもしれません。

6 バリュートラップとカタリスト投資

バリュートラップとは、ＰＥＲやＰＢＲなどの株価指標から割安と判断して投資したものの、一向に値上がりしない状況のことを言います。

特にバリュー系の高配当株では、安いと思って買ったもののバリュートラップにはまり、投資パフォーマンスがインデックス[1]に劣後するということが多くあります。

株の難しいところではありますが、単にＰＥＲやＰＢＲなどの指標が割安である、というだけではなかなか株価は上昇しません。割安に放置された銘柄は、一昔前のビジネスを行っている、拡大・株主還元意欲に乏しいなど、何かしら株価が上がらない原因を有しています。

配当金をもらえればよしとするのであれば、それはそれで大きな問題はないかもしれませんが、**キャピタルゲインも狙いたいというのであれば、バリュートラップにはまらないよう気を付ける必要があります。バリュートラップにはまらないようにするための対策の一つとして、投資をするときは何かカタリストを持つ銘柄に限るようにするということが挙げられます。**カタリスト（Catalyst）は、化学反応を促す「触媒」を表す英語で、マーケットにおいては相場・株価の変動を誘発する材料やきっかけを指します。

具体的なカタリストの例としては、業績向上、株主還元策の強化、大手企業との資本提携、社長交代、新製品の開発、法律改正、国の政策変更などがあります。

バリュー系の高配当銘柄でキャピタルゲインも狙いたいのであれば、株価に大きく影響を与えそうなカタリストが示された後の初動時に買いを入れる、というのも投資手法の一つとなります。例えば、三菱商事（８０５８）、三井物産（８０３１）、伊藤忠商事（８００１）などの総合商社株は、ＰＥＲ1桁台の時期が長く、ずっと割安な水準で放置され続けていました。

それが、２０２０年8月にアメリカの著名投資家であるバフェットによる投資が明らかになって以降、株価は大きく上昇を続けています。「バフェットが投資をした」というカタリストによって、三菱商事の株価は２０２０年8月の安値２１１７円から２０２３年9月には３・6倍の高値７７３２円まで上昇しました。最近では、過去の低い配当性向を見直して株主還元強化に舵を切る企業も目立っています。こういった株価上昇のカタリストを示す企業に対しては、積極的に投資を検討していってもよいでしょう。

1）市場の動きを示す指数のこと。

コラム
3

企業の口コミと業績・株価との関係

企業口コミサイトは、従業員や元従業員が企業に関する評価やレビューを投稿するためのオンラインプラットフォームのことを言い、代表的なものにオープンワーク（５１３９）が運営する「OpenWork（旧Vorkers）」や、リブセンス（６０５４）が運営する「転職会議」などがあります。

私は投資を検討する際、その企業の文化や雰囲気がどのようなものであるか企業口コミサイトを見て調べることがあります（これまで出向を含めて3社ほど経験しましたが、企業口コミサイトに書かれている内容は、視点の違いこそあれ、概ねその通りかなとの印象を持っています）。

例えば、ニッチ生活関連商品の企画・開発を手掛けるドウシシャ（７４８３）は、毎日朝礼とラジオ体操が行われるＴｈｅ体育会系企業との書き込みが多く、数字に厳しく、一度立てた計画は意地でも達成してくるのではないかとの印象を持っています。また、レンタルサーバー

やフリマアプリが主力のＧＭＯペパボ（３６３３）は、社員同士仲良くすることが優先されているとの書き込みが多く、給与面での不満がなければその会社文化に合う人はなかなか離職しないのだろうなと考えています。

このように投資時の参考にもなる企業口コミサイトですが、書き込まれる口コミの内容と企業の業績・財務・株価との間に関連性が見られるとの報告もされています。

「従業員口コミを用いた企業の組織文化と業績パフォーマンスとの関係」（西家宏典・津田博史、「証券アナリストジャーナル」２０１８年7月）は、OpenWorkに投稿された２００７年7月～２０１７年11月の約7万件の口コミデータをもとに、会社ごとの「組織文化スコア」を算出し、「組織文化スコア」の変化が企業財務や株式パフォーマンスにどのような影響を与えるか調べ、次の結果を報告しました。

- 組織文化の悪化は企業財務に対して負債比率の増加などの影響を与え、さらに組織文化が悪い状態から更に悪化するような場合は売上高の減少を引き起こす可能性が高い
- 「組織文化スコア」改善企業群の株式を買い、悪化企業群の株式を売るロングショート戦略を取った場合、良好な株式パフォーマンスが得られる

また、「従業員口コミを用いた働きがいと働きやすさの企業業績との関係」（西家宏典・長尾智晴「ジャフィー・ジャーナル」２０２１年４月）は、OpenWorkに投稿された２００７年７月～２０１９年３月の約30万６０００件の口コミデータをもとに、「働きがい」「働きやすさ」と企業業績や株式パフォーマンスとの関連性を調べ、次の結果を報告しました。

- 過去の従業員の「働きがい」は企業の売上高をはじめとした現在の成長性に、過去の従業員の「働きやすさ」は営業利益等の収益性に寄与すると考えられる
- 「働きがい」や「働きやすさ」の変化後、企業財務に影響を与えるにはだいたい２～３年かかる
- 「働きがい」と「働きやすさ」がともに改善された企業は良好な株式パフォーマンスを示す。ただし、働きやすさ単独の改善は株式パフォーマンスに影響を与えない

組織文化や従業員待遇の改善により、企業業績や株式パフォーマンスも良くなることが定量的に示されており、これらの結果は、経営者にとっても投資家にとっても大変興味深いものとなっています。企業文化を知るためにも、将来の業績向上の兆候を読み取るためにも、たまに投資先に関する企業口コミサイトをチェックしてみてもいいかもしれません。

第8章

行動ファイナンス「心」が投資に与える影響を客観視せよ

1 認知的不協和が発生したらいったん売却して認知リセット

「投資は経済学と心理学の交差点である」（セス・クラーマン）

投資をする上で、行動ファイナンスの考え方は知っておいて損はありません。**行動ファイナンスは、市場に参加する人間のクセや性格などの心理面が投資行動にどのように影響するのかを説明した理論のこと**を言います。

従来の伝統的なファイナンス理論では、合理的な投資家と理想的な市場が前提となっていました。一方、行動ファイナンス理論では、投資家は必ずしも合理的ではなく、心理的な要因によりその行動が左右される、との考え方が出発点となっています。

経済学と心理学が融合した理論と考えてよいでしょう。プロスペクト理論を提唱したダニエル・カーネマンとエイモス・トベルスキーが、２００２年にノーベル経済学賞を受賞し、注目されるようになりました。

ここからは、この行動ファイナンス理論について簡単に話をしていきます。

まず、認知的不協和は、自分の思考や行動に矛盾があるときに生じる不快感やストレスのことを言います。

例えば、ある投資家が将来有望だと判断してA社株式を買ったものの、その後A社の株価はズルズルと下げていったとします。このとき、「A社は将来有望であり、株価は上がると判断して買った」という投資家の認知[1]は、「A社株価は下がっている」という事実に基づく認知と対立するものになり、投資家はこの認知の矛盾を速やかに解決しようとします。

この投資家にとって不快な認知の対立を解消させるための思考は、投資家にとって合理的であったとしても、客観的には突っ込みどころが多く、非合理に見えることがしばしばあります。

例えば、「A社株価は下がっている」という事実に基づく認知を「株価の下落は一時的なものであり、またすぐに上昇する」という認知に変えることで、投資家はこの認知の対立を解消しようとするかもしれません。もしかしたら、「悪の機関投資家が自らの利益のために空売りを仕掛けている」と理由づけることで、「将来有望であるのに株価は下がり続けている」という認

1）ある対象を知覚した上で、それが何であるかを判断したり解釈したりする過程のこと。

知との不協和を解消させようとするかもしれません。

こういった認知的不協和を解消させるための投資家による自分勝手な思考は、急騰したものの、その後ズルズルと下げ続けている銘柄の株式掲示板などでよく見られます。

この不快な**認知的不協和を解決するための独善的な思考は、その後の合理的な判断を妨げる一つの要因**にもなり得ます。では、このような独りよがりの考えを防ぐためにはどうすればよいでしょうか。

第4章でもお話ししましたが、**自分の想定に反して下げる株があった場合、翌営業日に買い戻すことを前提にその株をいったん売却するというのも一つの方法**でしょう。認知的不協和に基づく非合理な行動を回避するため、いったん自分の認知をリセットした上で、翌営業日に客観的な判断を行うことにするのです。

売却の翌営業日にその株が有望であるか再度検討し、まだ有望と判断できるならもう一度その株を買えばいいですし、特に有望と判断できないなら別の株を探せばよいでしょう。

常に冷静かつ合理的な投資を行うためにも、投資に関する人の思考パターンを知っておくことは有用と考えられます。

2 利食いは遅く×損切りは早く プロスペクト理論への対処法

プロスペクト理論は、不確実性下で意思決定を行う際における、認知バイアス[1]を取り入れた意思決定モデルに関する理論のことを言います。もう少し噛み砕くと、一見不合理な人間の意思決定を説明するための理論と言うことができます。

（1）価値関数

図8－1はプロスペクト理論における価値関数を表したグラフです。このグラフは、人の感じる主観的な価値と客観的な価値の間には差があることを示しています。

1）物事の判断が、直感やこれまでの経験にもとづく先入観によって非合理的になる心理現象のこと。

図8-1　価値関数

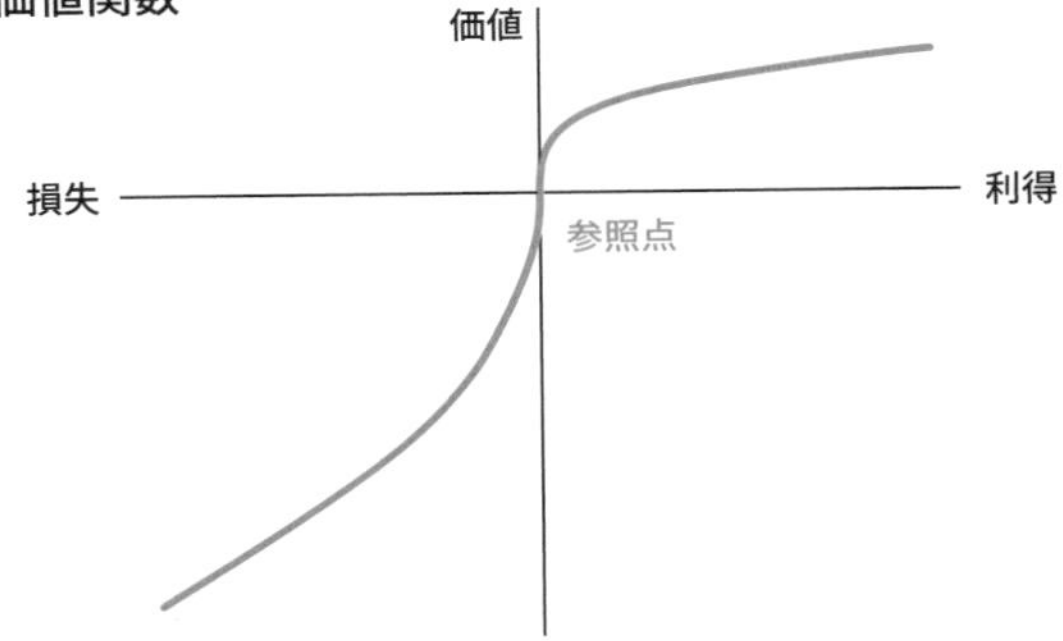

次から、価値関数に基づくプロスペクト理論上の心理作用を３つ紹介したいと思います。

①損失回避性

損失回避性は、損失を避けようとする思考の習性のことを言います。

図８－１を見ると、軸の交差点にある参照点[2]より左側の損失領域のグラフの傾きは、右側の利益領域のグラフ傾きよりも大きいものとなっています。

これは、例え同じ金額であったとしても、**損失が出たときの悲しみは、利益が出たときの喜びよりも大きくなる**、ということを示しています。投資家は大きな悲しみを伴う損失を回避するため、利益より損失に対して敏感に反応する傾向にあるのです。

②参照点依存性

参照点依存性は、価値を絶対的なものとしてではなく、相対的なものとして判断する心理作用のことを言います。

例えば、価値はほとんど変わらないにもかかわらず、

・商品A：定価1500円で1000円に値引きされて売られている
・商品B：定価1000円で値引きされず売られている

場合、商品Bよりも商品Aの方がお得であると感じる人は多いかと思います。

商品Aは1500円を基準として、商品Bは1000円を基準として価格妥当性の判断がされるため、価値は変わらなくとも商品Aの方がお得であると感じることになるのです。

株式投資の場合だと、

「高値おぼえ、安値おぼえは損のもと」

2）ある物事の認識や評価をする際の基準となる点。

という格言が参照点依存性に関する投資家の習性に注意を促しています。

例えば、過去の高値が参照点となっている場合、現在の株価が割高であったとしても、「今の株価は以前に比べて安い。待っていれば元の株価に戻るはず」と、投資家は継続保有を選択するかもしれません。結果として、損失が拡大する可能性や、他の有望銘柄への投資機会が失われる可能性が生じてきます。

過去の株価は参考価格に過ぎないと理解し、現在の株価に基づき割安・割高を判断して投資するよう心がけましょう。

③感応度逓減性

感応度《かんのうど》逓減性《ていげんせい》は、利益（損失）の増加量と価値の増加（減少）量は比例関係になく、利益（損失）の増加量に対する価値の増加（減少）量は次第に小さくなっていくことを言います。

消費者の購買心理に感応度逓減性が生じる例として、家を購入するときが挙げられます。

例えば、施工価格５０００万円の家を買ったとします。このとき、業者から「安全や健康を考えて、プラス5万円で浄水器を付けませんか？」と勧められると、普段スーパーで10円でも安いものを買おうとしている人でも、比較的簡単に浄水器の設置を決めてしまうことがあります。家の購入として既に5000万円もの大金を支出しており、5万円の支出に対して抵抗があまりなくなってしまっているのです。

株式投資においても、株価が買った翌日に1000円から970円に下がったときの悲しみと、そのまま保有を続け、730円から700円に下がったときの悲しみには差が生じてきます。一般的には、730円から700円に下がったときには感度が鈍くなってきているため、1000円から970円に下がったときよりも悲しみは小さくなります。

投資時点のシナリオが崩れたときは感度が高いうちに損切りをするよう心がけ、気が付いたら含み損が膨らんでいた、ということにならないよう気を付けましょう。

(2) 確率加重関数

確率加重関数は、客観的確率が低いときは過大評価をし、客観的確率が高いときは過小評価する傾向を表す関数のことを言います。確率加重関数のグラフを図8－2に示します。

図8-2　確率加重関数

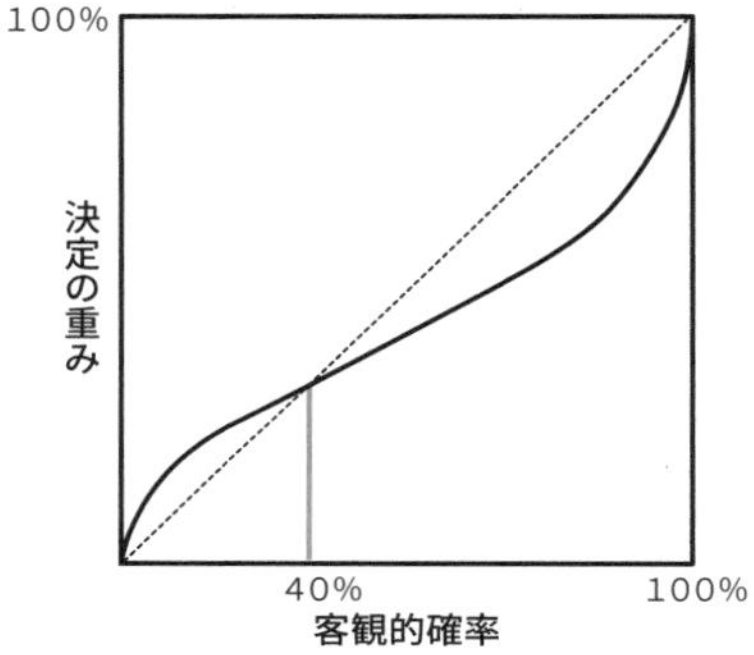

確率加重関数に従った行動例として、年末、宝くじ売り場に人が殺到する[3]ということが挙げられます。年末ジャンボ宝くじで1等に当選する確率（2000万分の1）は、落雷が原因で死亡する確率（70万分の1）や麻雀で天和をあがる確率（33万分の1）に比べても極めて低いにもかかわらず、人々はもしかすると1等・前後賞合わせて10億円が当たるかもしれないと過度な期待をし、売り場に長蛇の列ができるのです。

また、確率加重関数において、利益が出るときと損失が出るときの人々の感じ方は以下のように異なる傾向にあります。

- 利益が出るとき：低い確率に対してより過大な評価をし、高い確率を過小評価する

・損失が出るとき：低い確率に対する過大評価傾向は小さく、また、高い確率への過小評価傾向も小さい

ここまで話をしてきたプロスペクト理論の主要な結論の一つとして、**人々は利益が出ているときはリスク回避的（ローリスクローリターンを好む）となり、損失が出ているときはリスク愛好的（ハイリスクハイリターンを好む）となる**というものがあります

利益が出ているときは、早く利益確定して換金したいという気持ちが強く働き、損失が出ているときは、損失を確定するよりも、たとえリスクを冒してでも、参照点である買値まで株を持ち続けたがる傾向にあるというのです。

「利食いは遅く、損切りは早く」は、そのような人々の傾向と逆の行動を取るよう注意喚起をしている投資格言の一つと言えます。

自分の買値より上がったからさっさと売ってしまった、買値より下がっているけど意地でも保有を継続するなど、自分の買値を基準として感情に流された売買をしていては、利益の最大

3）年末ジャンボ宝くじの売上は毎年1000億円にものぼります。

化を図ることは難しくなってしまいます。

安定した利益を出していくためにも、第4章で示したように、できる限り客観的な視点から利食い・損切りを行っていくことをお勧めします。

第9章

資産三分法のラスボス「不動産」はREITで攻略

1 そもそもREITってなんだっけ

ここまでは株式投資を中心に話をしてきましたが、不動産も投資対象として有望な候補先となります。

保有する資産を「現金」「株式」「不動産」に振り分けてバランスよく運用する資産三分法は、インフレや資産価格の変化が起きた場合であっても、ボラティリティ[1]**を緩和できる資産管理方法として、古くから重宝されてきました。**

一方で、現物不動産への投資は、①本当に価値ある情報の入手が難しいこと、②一投資案件あたりの金額が大きいこと、③管理コストや手間がかかることなどから、あまり経験がない中で積極的に投資を検討していくことには躊躇してしまうという方も多いかと思います。

そのように現物不動産への投資には二の足を踏んでしまうけれども、不動産投資自体には興味を持っているという人にお勧めなのがＲＥＩＴ投資です。

ＲＥＩＴは、多くの投資家から集めた資金で不動産を購入し、そこから得られる賃料や売却益を投資家に分配する金融商品のことを言います。投資家はＲＥＩＴに投資することで間接的に不動産投資を行うことができます。

ＲＥＩＴも株式と同じように証券コードが割り当てられていて、証券口座から売買することが可能です。日本では、２０００年11月の「投資信託及び投資法人に関する法律」改正により、２００１年９月から市場で売買されるようになりました。

私も２０２１年頃、中古マンションへの投資を真剣に検討しましたが、不動産投資の経験がない自分にとっては、ＲＥＩＴの方がよいだろうとの結論に至りました。

そのとき中古マンションの販売業者からは、実質利回り３・８〜４・３％の物件をいくつか紹介されました。

1）価格変動の度合いのこと。

しかし、①空室リスク、②流動性リスク、③金利上昇リスク、④設備修繕費などを考えると、実質利回り3・8〜4・3％の水準では物足りなく、片手間で不動産投資を行いたい程度の気持ちであるならば、ＲＥＩＴの方がコストパフォーマンスは優れているだろうとの結論を出しました（中古マンション販売業者からは、断りの連絡を入れたとき「あなたは慎重すぎる。利回りの考え方が教科書的すぎる。本を読んでもあまり意味はない。リアルアセット（現物不動産）とペーパーアセット（ＲＥＩＴ）は違う」と説教されましたが）。

2 ＲＥＩＴを勧める5つの理由

ＲＥＩＴのお勧めポイントは主に以下となります。

（1）分配率が高い

ＲＥＩＴは配当可能利益の90%超を分配すれば法人税の課税はされないため、高水準での分配が可能となります。実際、２０２３年5月時点で、上場Ｊ‐ＲＥＩＴの平均分配率は４・４％と日経平均の平均配当利回り２・１％と比べても高い水準にあります。

（2）分配金や値動きが安定している

ＲＥＩＴは安定した賃料収入を分配金の原資としているため、企業と比べて収益予想の確度は高く、投資家に支払われる分配金推移は安定しています。また、ＴＯＰＩＸに対するベータ値は０・３程度であり、株式に比べてもその値動きはマイルドなものとなっています。

（３）比較的少額で幅広い不動産に投資できる

マンションなど現物不動産に投資をするときは、通常数千万円単位の多額な資金が必要となりますが、ＲＥＩＴは５万円程度から投資することが可能です。

また、個人の場合、資金力の限界から多くの不動産を購入することはできず、一件でも空室や事故が発生したとすると、その影響は非常に大きなものとなります。これに対してＲＥＩＴは、だいたい数十から数百の物件を有しており、一件程度、空室や事故が発生したとしても、その影響はそれほど大きなものとはなりません。

（４）簡単に売却できる

現物不動産を売却するときは、買い手探しに時間がかかり、また、書類の作成など煩雑な手続きが必要となってきます。

これに対して、ＲＥＩＴは上場株式と同じように東京証券取引所で売買でき、流動性も高いため、ＰＣやスマホの証券口座から売り注文を出すだけで簡単に売却することができます。

（５）知識がなくてもリスクリターンの合った不動産投資ができる

現物不動産の投資・運用には、物件情報の入手、物件の鑑定・収益分析、物件管理など多くの人脈や知識が必要となり、また、売買交渉や書類作成など非常に面倒な業務も行わなければなりません。

それに対してＲＥＩＴは、人脈・知識ともに豊富な資産運用会社や不動産管理会社などが物件を探し、売買交渉や書類作成などの面倒な作業も代行してくれます。不動産に対する知識をあまり持っていなくても、それなりにリスクリターンの合った投資を簡単に行うことができます。

3 意外と簡単なREIT銘柄の選定

それでは、具体的にどのような銘柄のREITに投資をすればよいでしょうか。世間の金利動向、NAV倍率[1]、LTV[2]など、REIT投資においても基準・指標は色々とありますが、ここでは以下2点に絞って説明します。

(1) REITの信用力と分配利回りのバランス
(2) 投資対象不動産の用途

(1) REITの信用力と分配利回りのバランス

一般的に信用力の高いREITほど分配利回りは低く、信用力の低いREITほど分配利回りは高い傾向にあります。REITの信用力については、格付けまたはスポンサー企業を確認するとよいでしょう。

①格付け

格付けは、ＲＥＩＴが債務不履行になる可能性を、Ｓ＆Ｐグローバル・レーティングや格付投資情報センター（Ｒ＆Ｉ）などの第三者法人が算定・評価したもので、信用度の高さはＡＡＡ～Ｄで表されます。

日本銀行が金融政策の一環として２０１０年12月より買い入れているＲＥＩＴの対象基準はＡＡ格相当以上であり、個人がＲＥＩＴ投資をする場合においても、この対象基準を参考に投資先を選定するとしてもよいでしょう。

②スポンサー企業

スポンサー企業とは、ＲＥＩＴの資産運用会社の大株主のことを言います。

三菱地所や三井不動産など大手不動産や、三菱商事や三井物産など総合商社がスポンサーの

１）投資口価格を投資証券１口あたりの純資産で除して算出された値。株式におけるＰＢＲと似た指標。
２）ＲＥＩＴが保有している不動産の評価額に占める借入金の割合。

REITについては、信用力において現状特に問題はないと言えるでしょう。一方、自己資本比率が低めの新興系不動産・ディベロッパー企業や、上場しておらず財務諸表を確認できない企業がスポンサーのREITは、信用力の点で少し注意が必要です。

REITの信用力を気にする必要があるのは、過去に資金繰りの問題から破綻したREITがあるためです。アメリカのシービー・リチャードエリス・インベスターズなどがスポンサーを務めていたニューシティ・レジデンス投資法人は、リーマンショックの影響により、新規融資や市場からの資金調達、保有資産の売却が進まなくなり、2008年10月に破綻しました。

その他にも、スポンサーであったパシフィックホールディングス（当時東証一部上場）が2009年3月に経営破綻し、結局不利な合併比率にてアドバンス・レジデンス投資法人（3269）に吸収合併された日本レジデンシャル投資法人のような事例もあります。

REIT投資をするときは、できる限り信用力と分配利回りともに高いREITを選択することをお勧めします。なお、分配利回りは、不動産売却益などにより一時的に高くなっている場合もあるので、それら特別な要因を除いた巡航利回りを確認するようにしましょう。

(2) 投資対象不動産の用途

REITは、ある特定用途の不動産に投資する単一用途特化型と、2つ以上の用途を組み合わせて投資する総合型(複数用途型)REITとに分けられます。単一用途特化型には、オフィスビル、住居、商業施設、物流施設、ヘルスケア、ホテル特化型などのREITがあります。

これら単一用途特化型REITの中では、オフィスビル、商業施設、ホテル特化型は景気の変動を受けやすく、住居、物流施設、ヘルスケア特化型は比較的景気の変動を受けにくいとされています。また、単一用途特化型REITは世の中の動きや流れに左右されやすい側面もあります。

例えばコロナ禍において、ジャパン・ホテル・リート投資法人(8985)などのホテル特化型REITは外泊需要の蒸発から壊滅的なダメージを受け、そのほとんどは大幅減配を余儀なくされました。一方、日本プロロジスリート投資法人(3283)などの物流施設特化型REITは、高い稼働率やインターネット通販の利用拡大期待などから、2021年8月から年末にかけて高値を更新する銘柄が相次ぎました。

世の中の動きや流れを鑑みながら単一用途特化型ＲＥＩＴに集中投資をするというのも一つの手法ではありますが、あまり不動産に詳しくないという場合は、ＲＥＩＴにおいても株式同様、できる限り用途・銘柄を分散させておく方がよいかもしれません。

第10章

ようこそ！〝なのなの〟アノマリー投資研究所

1 株は5月に売却せよ？「セルインメイ」の謎にせまる

アノマリーとは、理論的には説明することができないものの、経験的に観測されるマーケットの規則性のことを言います。ここからは、相場で囁かれ続けているアノマリーについて、実際当てはまっているのか、実際株価はどのような動きを見せているのか、検証しながら話をしていきたいと思います。

皆さまは「セルインメイ」という言葉を聞いたことがありますでしょうか？

「セルインメイ」は、保有している株式は5月に売却するのが望ましいということを示したアメリカの投資格言の一つです。

なお、この「セルインメイ」には続きがあり、格言の全体は「Sell in May and go away. Do not come back until St.Leger day.」（5月に売り逃げなさい。（9月第2土曜日の）セント・レジャー・デー[1]まで戻ってきてはいけません）となります。

この格言は、単に5月に株を売るよう注意喚起しているだけではなく、「5月から9月中旬にかけて株価は下がる傾向にあるので、5月のうちにいったん売却しておきましょう。そして、9月中旬からは株価は上がる傾向にあるので、投資を再開するのはそれ以降にしましょう」という意味を含んでいます。

この他にも、株価は特に10月末頃から堅調となる傾向にあることから、毎年10月31日に開催されるハロウィーンにちなんで、「株はハロウィーンに買え」との投資格言もあります。

それでは実際、売った方がいいと言われる5月直前の4月末に売って10月末に買い戻す、という戦略は有効なのでしょうか。1991年10月～2023年4月の日経平均株価データから、以下それぞれの戦略を取った場合の株式パフォーマンスを調べてみました。

①10月末に買い、4月末に売る戦略
②4月末に買い、10月末に売る戦略
③売買せず継続保有する戦略

結果として図10－1の通り、パフォーマンスに圧倒的な差異を見出すことができました。

1）イギリスで競馬レース「セントレジャーステークス」が開催される日。

①10月末に買い、4月末に売る戦略：資産は391％となる（100万円が391万円になる）
②4月末に買い、10月末に売る戦略：資産は47％となる（100万円が47万円になる）
③売買せず継続保有する戦略：資産は177％となる（100万円が177万円になる）

一方で、アベノミクス[2]の取り組みが始まって以降ここ10年（2013年4月〜2023年4月）にデータを絞ると、先ほどとは少し傾向の異なる結果が得られました（図10－2参照）。

①10月末に買い、4月末に売る戦略：資産は125％となる（100万円が125万円になる）
②4月末に買い、10月末に売る戦略：資産は171％となる（100万円が171万円になる）
③売買せず継続保有する戦略：資産は223％となる（100万円が223万円になる）

長期的には、10月末に買って4月末に売るという戦略は有効かと思われますが、ここ10年については、売買をせずにずっと持ち続ける方がパフォーマンスは高くなっています。

2）2012年12月に成立した第二次安倍晋三内閣の経済政策。

図10-1　株を買うタイミングの検証(1991年〜2023年)

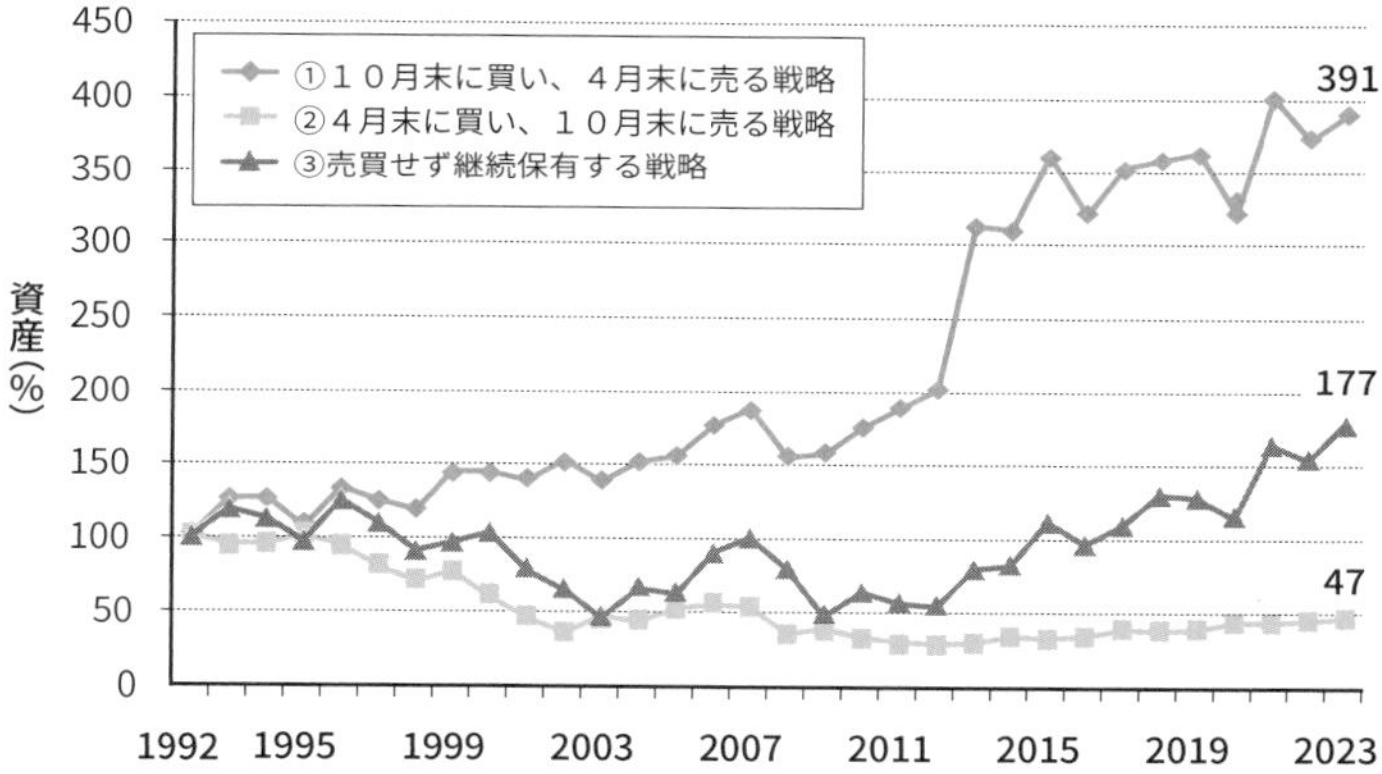

図10-2　株を買うタイミングの検証(2013年〜2023年)

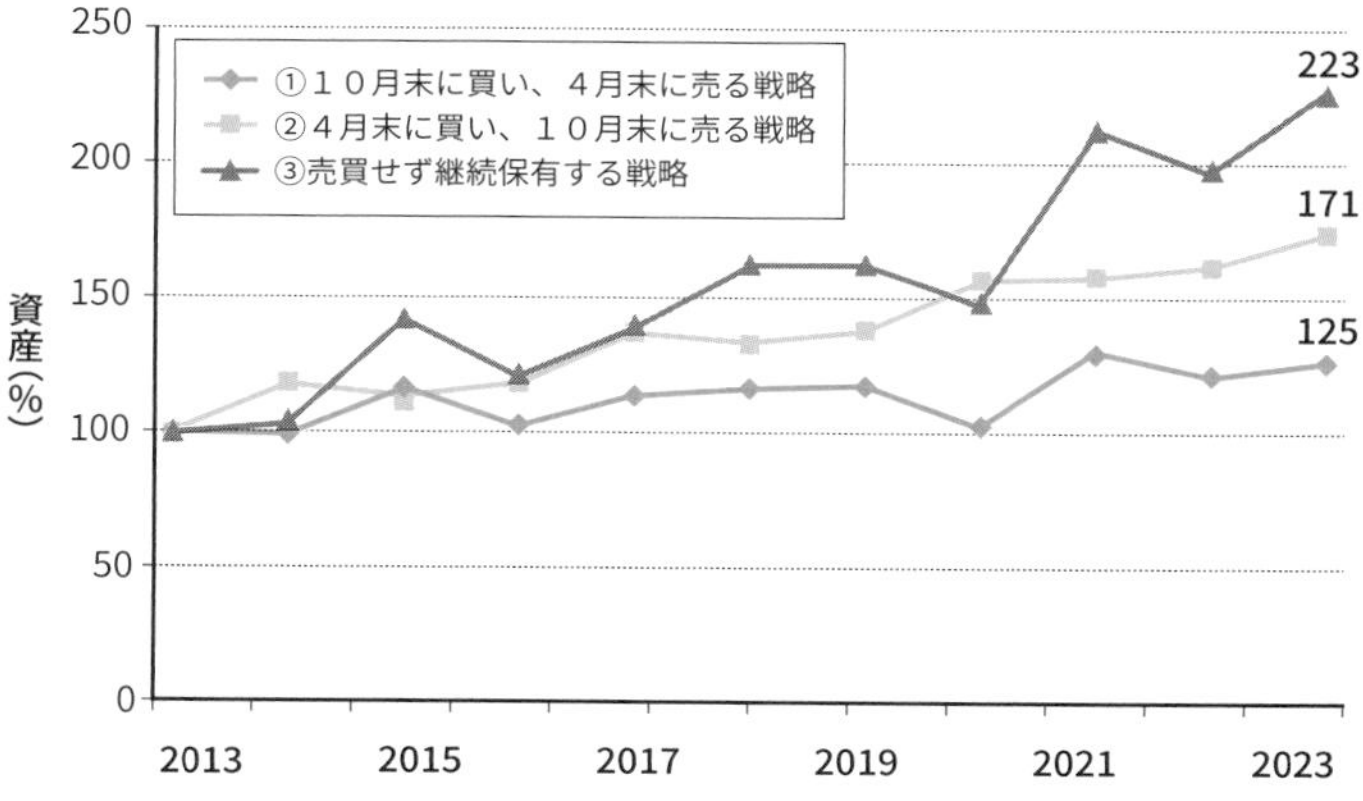

2 月ごとの日経平均株価上昇率

先ほどは半年ごとに売買したときのパフォーマンス差異を見ましたが、今度はもう少し細かく、月ごとの日経平均株価上昇率の違いを見ていきたいと思います。

表10-３は過去25年間（１９９８年６月～２０２３年５月）の月ごとにおける、日経平均株価の上昇・下落回数と上昇率平均をまとめた表、図10-４は、月ごとにおける、日経平均株価上昇率平均を示したグラフです。

これら図表を見ても、11月～４月は上昇傾向にあり、５月～10月は下落傾向にあることがわかります。上昇率平均が１％を超えている月は、３月・４月・11月・12月で、下落率平均が１％を超えている月は、１月・８月となります。

上昇傾向にある11月～４月のうち、１月は下落することが多いという点には注意しておきましょう。

表10-3　月ごとの日経平均株価上昇率平均（1998年～2023年）

月	上昇回数	下落回数	上昇率平均
1月	11	14	-1.1%
2月	15	10	0.4%
3月	15	10	1.4%
4月	15	10	1.4%
5月	13	12	-0.2%
6月	16	9	0.8%
7月	11	14	-0.6%
8月	11	14	-1.1%
9月	13	12	-0.5%
10月	14	11	0.0%
11月	18	7	2.5%
12月	14	11	1.0%
総計	**166**	**134**	**0.3%**

図10-4　月ごとの日経平均株価上昇率平均（1998年～2023年）

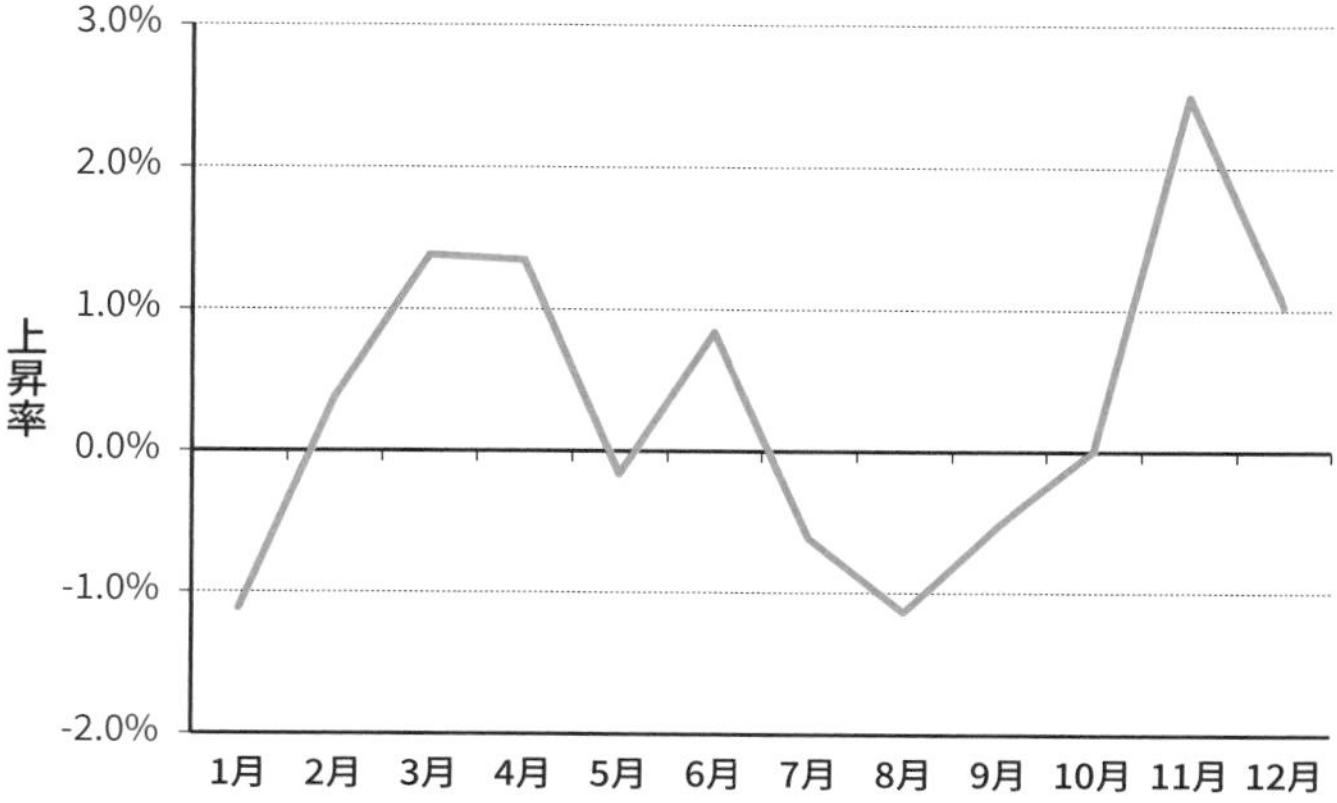

一方で、表10-5は過去10年間（2013年6月～2023年5月）の月ごとにおける、日経平均株価の上昇・下落回数と上昇率平均をまとめた表、図10-6は、月ごとにおける、日経平均株価上昇率平均を示したグラフです。

過去10年間で上昇率平均が1％を超えている月は、4月・5月・9月・10月・11月で、下落率平均が1％を超えている月はありません。

これまで**セルインメイと呼ばれていた5月の上昇率平均が2・1％と比較的大きく、またこれまで上昇傾向にあった11月～4月のうち12月・1月・2月の上昇率平均がマイナスとなっている**ことは、非常に興味深い変化であるように思います。

この変化が今後も続くかどうかはわかりません。

しかし、過去25年間においても過去10年間においても、4月と11月は総じて強く、1月と8月は弱いことが多いということは、覚えておいて損はないでしょう。

表10-5　月ごとの日経平均上昇率平均（2013年～2023年）

月	上昇回数	下落回数	上昇率平均
1月	6	4	-0.4%
2月	6	4	-0.5%
3月	6	4	0.6%
4月	7	3	2.3%
5月	7	3	2.1%
6月	6	4	-0.1%
7月	5	5	0.7%
8月	5	5	-0.3%
9月	7	3	1.5%
10月	6	4	2.3%
11月	9	1	4.1%
12月	5	5	-0.9%
総計	**75**	**45**	**0.9%**

図10-6　月ごとの日経平均株価上昇率平均（2013年～2023年）

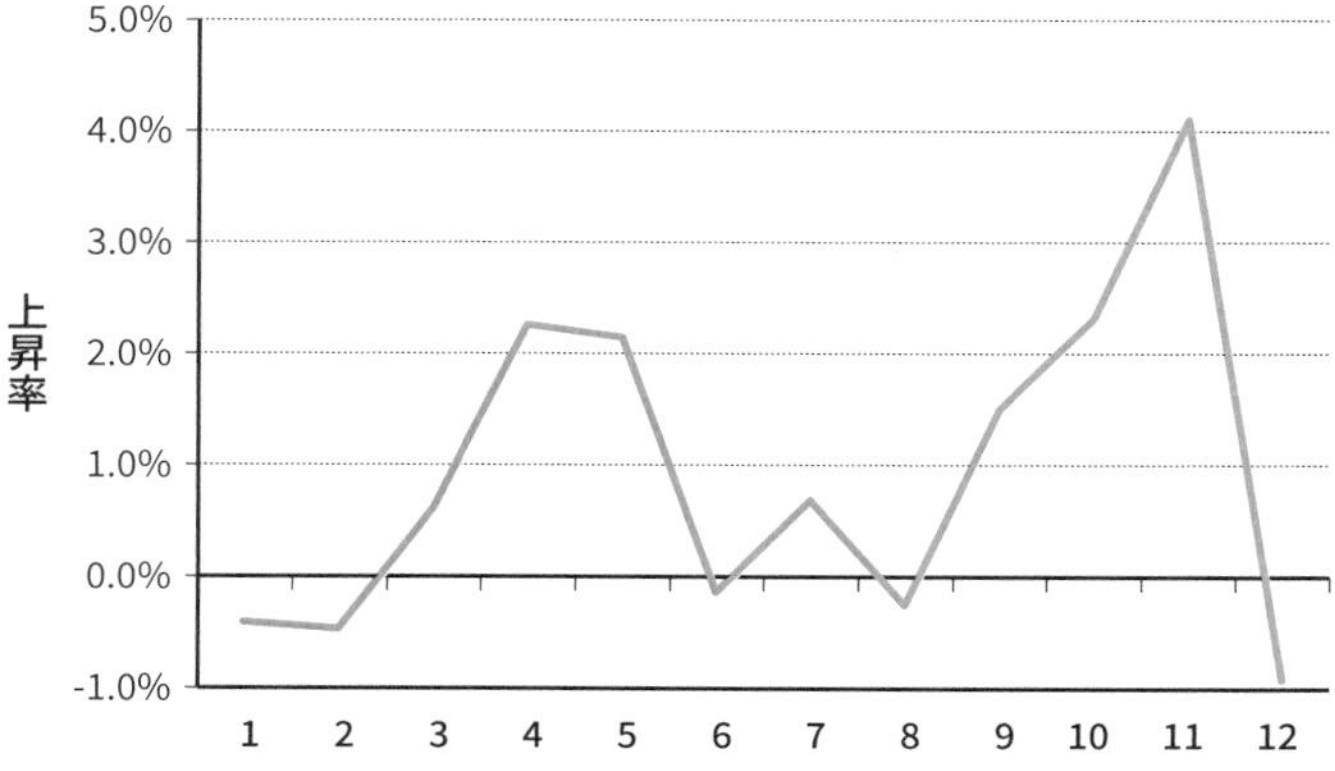

3 アメリカ大統領選挙狙いで投資パフォーマンス爆上がり？

4年ごとに実施されるアメリカ大統領選挙は、アメリカの景気と株式市場にも大きな影響を与えます。

『アノマリー投資』（ジェフリー・A・ハーシュ、パンローリング、2013年3月）は、1833年〜2011年における大統領選挙4年周期各年のダウ平均年上昇率を以下のように算出し、**大統領選挙前年の株式パフォーマンスが突出して良い**ということを明らかにしました。

①大統領選挙当年：255%
②大統領選挙翌年：86%
③中間選挙年　：187%
④大統領選挙前年：470%

1940年〜2022年における大統領選挙前年のダウ平均は、2015年を除き、20回中、19回上昇しています。

大統領選挙前年の株式パフォーマンスが非常に高い理由について、先述の『アノマリー投資』は以下のように説明しています。

「再選を勝ち取るために、大統領たちは痛みを伴う取り組みのほとんどを任期の前半に行う。そして、後半になると景気刺激策を打って、有権者が投票所に出かけるときに最も好景気になるようにしがちである。」

ちなみにですが、アメリカ共和党は小さい政府や減税など、株式市場に好まれそうな経済政策を重視している党でありますが、ダウ平均の上昇率は、

- 共和党大統領時：6・8％
- 民主党大統領時：10・0％

であり、民主党大統領のときの方が株式のパフォーマンスは高くなる傾向にあるようです。

図10-7　大統領選挙4年周期の日経平均年上昇率平均

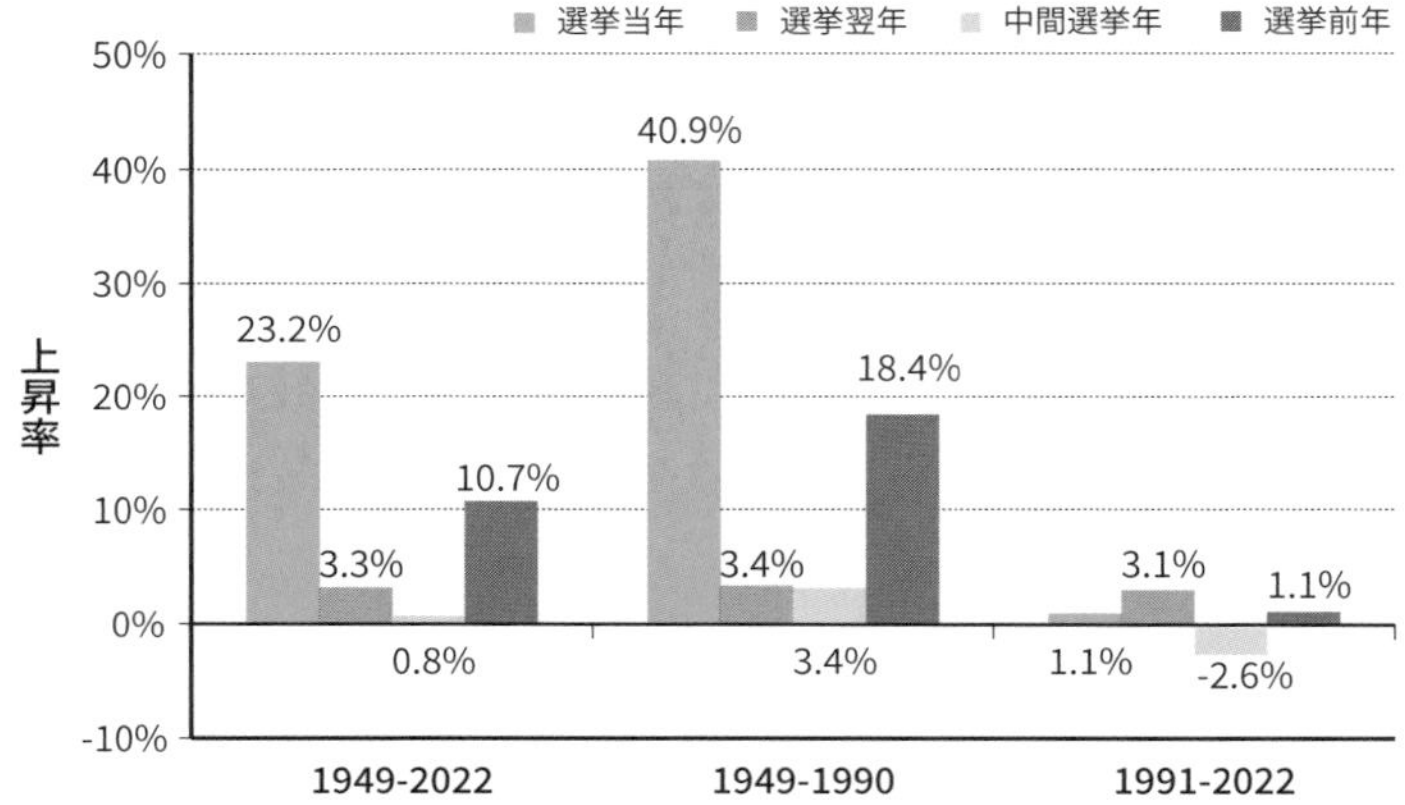

それでは、日経平均もダウ平均と同様、大統領選挙４年周期の各年で異なる動きを示すのでしょうか？　実際に調べてみました。

図10－７の一番左の棒グラフ群は、１９４９年～２０２２年における大統領選挙４年周期各年の日経平均年上昇率平均を表しています。日経平均においても大統領選挙の前年は全体平均（９・３％）よりも高い上昇率（10・７％）を示していますが、大統領選挙前年よりも大統領選挙当年の方が日経平均の上昇率は高い（23・２％）傾向にありました。

さらに分析するため、期間をバブル崩壊前（１９４９年～１９９０年）とバブル崩壊後（１９９１年～２０２２年）に分けたところ（図

10-7の真中と一番右の棒グラフ群)、バブル崩壊前もバブル崩壊後も、大統領選挙当年と大統領選挙前年の上昇率は全体平均を上回っており、中間選挙の年の上昇率は全体平均を下回っていました。ただし、バブル崩壊前は、大統領選挙当年と大統領選挙前年の優位性が顕著であったのに対し(それぞれ40・9%と18・4%)、バブル崩壊後、その優位性は極めて小さいものとなっています(ともに1・1%)。

日本の株式市場において、大統領選挙当年と大統領選挙前年は比較的強気、中間選挙の年は比較的弱気の姿勢で臨んでよい。ただし、最近はかつて示されていたほど大統領選挙4年周期各年におけるパフォーマンスの差は大きくない、と結論付けてよいかと思います。

4 丑年と午年は要注意？ 干支と株式相場の相関性

アメリカ大統領選挙は4年周期ですが、日本でも一定の年周期を繰り返すものがあります。

そうです、干支です[1]。

干支に関しては、古くから以下のような株の格言があります。

子《ね》は繁栄、丑《うし》つまずき、寅《とら》千里を走り、卯《う》跳ねる、辰巳《たつみ》天井、午《うま》尻下がり、未《ひつじ》辛抱、申酉《さるとり》騒ぐ、戌《いぬ》は笑い、亥《い》固まる

少し噛み砕くと、子年、寅年、卯年、戌年は上昇しやすく、丑年と午年は下落しやすい。辰年と巳年に天井を付け、未年や亥年は動きが少ないが、申年と酉年は大きく変動しやすい、という意味になるかと思います。

それでは、実際この格言通りに相場は動いているのでしょうか？

図10-8　干支ごとの年間日経平均株価上昇率の平均

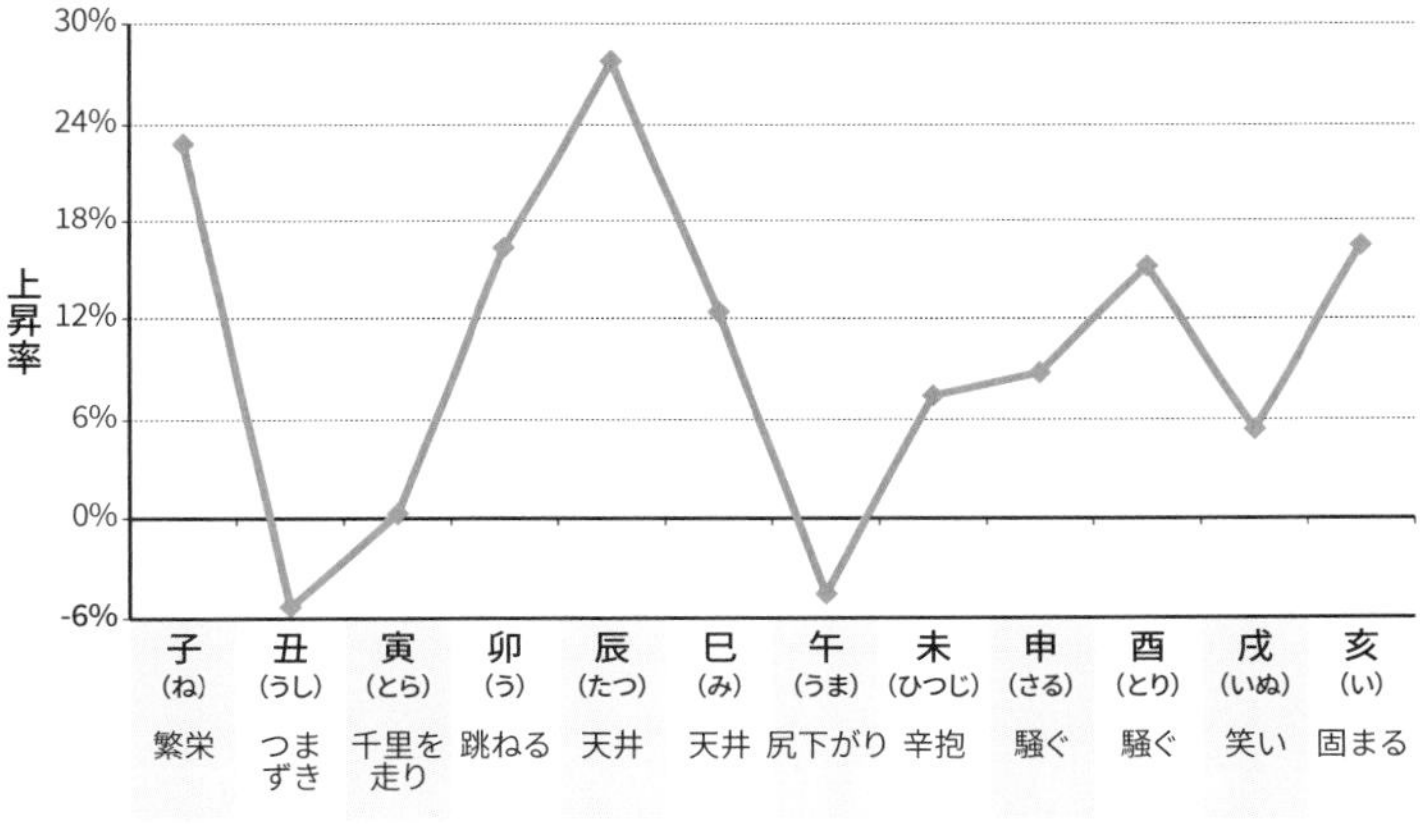

図10-8は1949年〜2022年の干支ごとの年間日経平均上昇率の平均を示したグラフです。

実際の日経平均上昇率と格言とを比較すると、意外に当たっている年が多くあります。

まず、「繁栄する」子年、「跳ねる」卯年、「騒ぐ」申年・酉年は大きく上昇し、「つまずき」の丑年は下落しています。また、辰年・巳年に上昇した後、「尻下がり」の午年に下落しており、辰年・巳年は「天井」を付ける傾向があるようです。もちろん、「千里を走る」寅年の上昇率は0％であったり、「固まる」亥年の上昇

1）厳密には、干支は十干と十二支を合わせたものを指しますが、ここでは十二支のみを指すものとします。

率が大きかったりなど、100％格言通りの動きをしている訳ではありませんが、干支に関する格言は全く参考にならないということもないようです。

ちなみにですが、先述のアメリカ大統領選挙4年周期のうち、日経平均のパフォーマンスが一番高い大統領選挙当年の干支は、子年（繁栄）23％、辰年（天井）28％、申年（騒ぐ）9％と、格言でも株高を示唆する年が並んでおり、名実ともに堅調な株価を期待できると言ってよいのかもしれません。

5 月曜日は上昇率がマイナスになりやすい？

曜日効果とは、ある曜日の上昇率が他の曜日よりも高かったり低かったりする現象のことを言います。通説として、月曜日の上昇率はマイナスになりやすいとも言われています。

図10－9は、2001年1月〜2023年6月の曜日ごとの日経平均上昇率の平均を表したグラフです（期間を分けた場合であっても同じ傾向が見られるか確認するため、さらに期間をアベノミクス前（2001年1月〜2012年12月）とアベノミクス後（2013年1月〜2023年6月）に区切っています）。

通年（2001年1月〜2023年6月）で一番上昇率平均の小さい曜日は月曜日（0％）であり、先ほどの「月曜日の上昇率はマイナスになりやすい」との通説と一致しました。

月曜日の上昇率平均が低い理由としては、株価にとって悪材料となる情報は週末に発表されることが多く、週明けはその情報を受けて売りが出やすくなるため、などが考えられます。

図10-9　曜日ごとの日経平均上昇率の平均

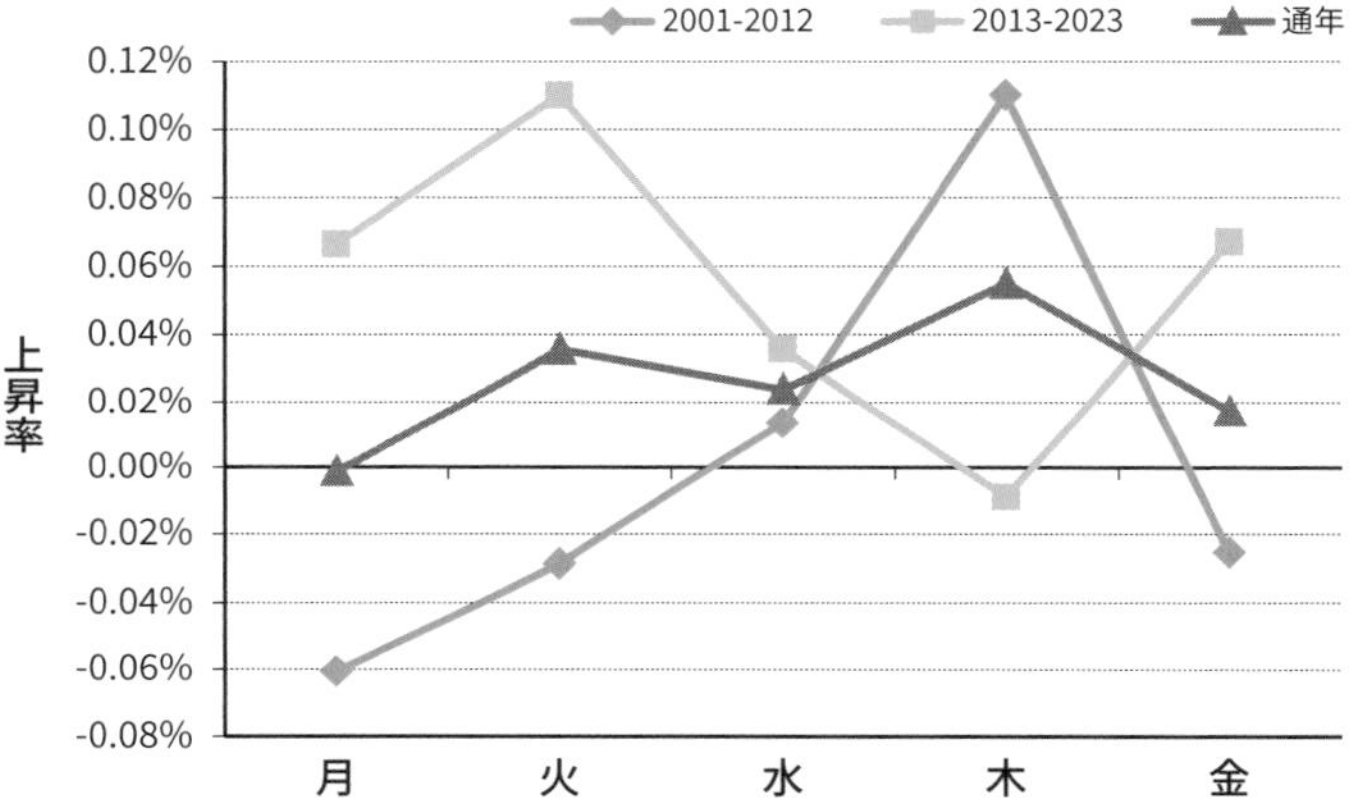

また、通年で一番上昇率平均の大きい曜日は木曜日（0・05％）でした。

ただし、月曜日、火曜日、木曜日、金曜日はアベノミクス前とアベノミクス後で上昇率平均の符号（プラスとマイナス）が逆になっているなど、データを取得する期間によって曜日効果には差が生じていることがわかります。

過去23年程度のデータからは、月曜日に下がりやすく、木曜日は上がりやすい傾向が見られるものの、データ取得期間によってその傾向は変わり、常に当てはまるものではない、と結論付けてよいかと思われます。

6 「月初は高い」「月末は安い」には理由があった

株のアノマリーの一つとして、月初第一営業日は高くなり、月末最終営業日は安くなる、というものがあります。ここでは、このアノマリーが実際に当てはまるものであるか、検証をしてみました。

図10‐10は、アベノミクス前（2001年1月～2012年12月）とアベノミクス後（2013年1月～2023年6月）の月初第一営業日と月末最終営業日における日経平均株価の上昇率平均を示したグラフです。

図10‐10から、アベノミクス前もアベノミクス後も、アノマリーとして言われている通り、月初第一営業日株高・月末最終営業日株安の傾向が見られることがわかります。

月初第一営業日に株価が高くなる理由としては、積み立て投資を行う個人や従業員持ち株会が月初第一営業日に買い付けにまわることが多いため、などが考えられます。

図10-10　月初第一・月末最終営業日の日経平均上昇率平均

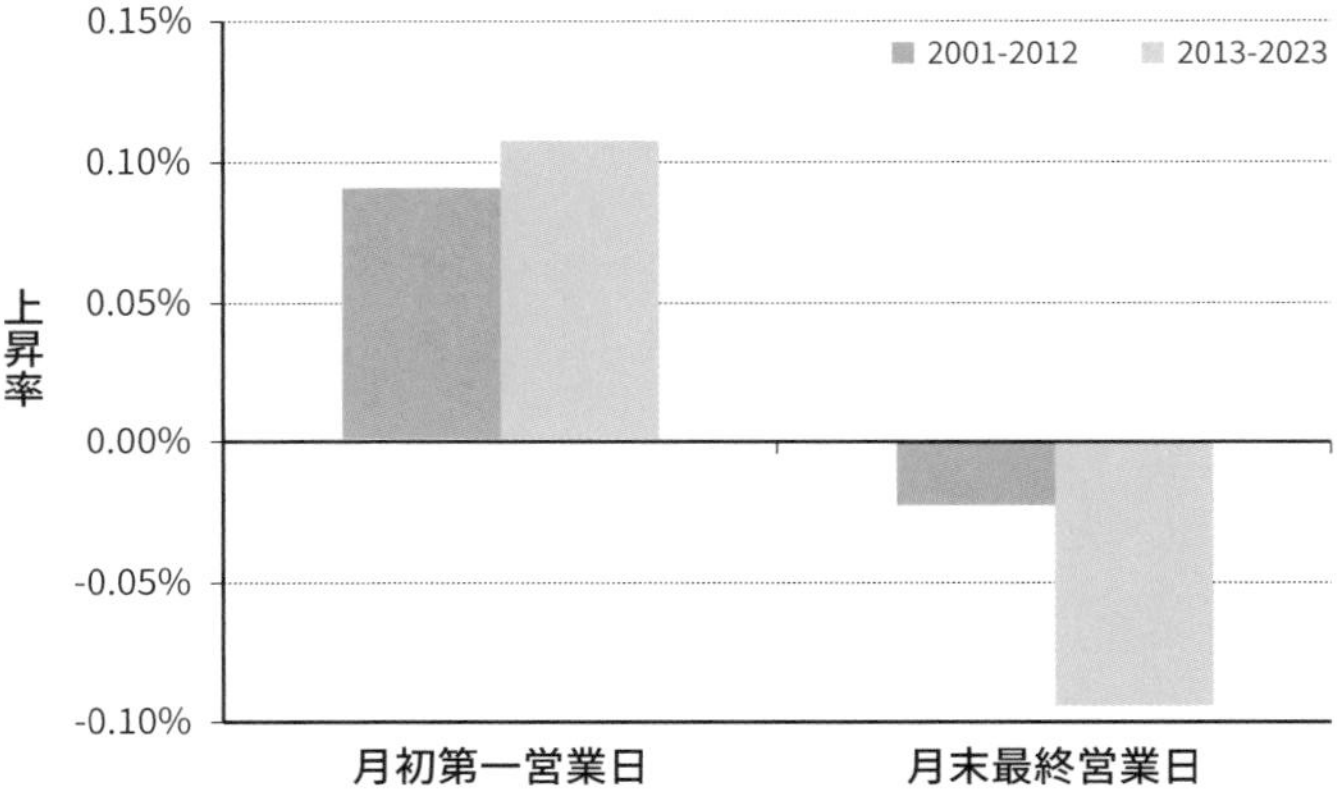

また、月末最終営業日に株価が安くなる理由としては、特に株価上昇局面において、保有資産に占める株式のウェイトが基準以上に高まらないよう月末最終営業日に株の残高を減らす投資家がいるため、などが考えられます。

もちろん、毎月必ず当てはまるアノマリーというわけではありませんが、月初第一営業日株高・月末最終営業日株安の傾向があるということは、覚えておいて損はないかもしれません。

7 それでは「月の中旬」はどうか

先ほどは、月初第一営業日・月末最終営業日の株価の傾向を見ましたが、月の上旬・中旬・下旬でその動きに違いがあるかについても検証してみました。

図10-11は、期間をアベノミクス前後にも区切った、２００1年1月～２０２3年6月の月の上旬（1～10日）、中旬（11～20日）、下旬（21～31日）における日経平均株価の上昇率平均を表したグラフです。

通年（２００1年1月～２０２3年6月）のグラフからは、月上旬の上昇率平均はほぼゼロであるものの、中旬、下旬になるにつれ、だんだんと上昇率平均は上がっていく傾向が見られます（株高となることが多い月初第一営業日や株安となることが多い月末最終営業日を除くと、その傾向はさらに大きくなります）。

ただし、アベノミクス前後に区切って見てみると、アベノミクス後は月の下旬より上旬・中旬の方が日経平均の上昇率は大きくなっています。
月上旬の上昇率に変化が見られる理由として、先ほど触れたことと少し関係しますが、月の上旬に株式を買い付ける積み立て投資が一般投資家層に広がってきていることも一つ考えられます（もしその理由が正しい場合、今後も月の下旬より上旬の方が株のパフォーマンスは高くなる可能性が高いでしょう）。

先ほどの月初・月末の結果とあわせて、2001年1月〜2023年6月の期間において株価は、

①月初第一営業日は上昇する
②月の上旬はあまり上がらない
③中旬・下旬になるにつれ、だんだん上がっていく
④月末最終営業日は下落する

となる傾向が見られるものの、最近ではその傾向に変化が出てきている、と結論付けてよいかと思われます。

図10-11　月の上旬・中旬・下旬の日経平均上昇率平均

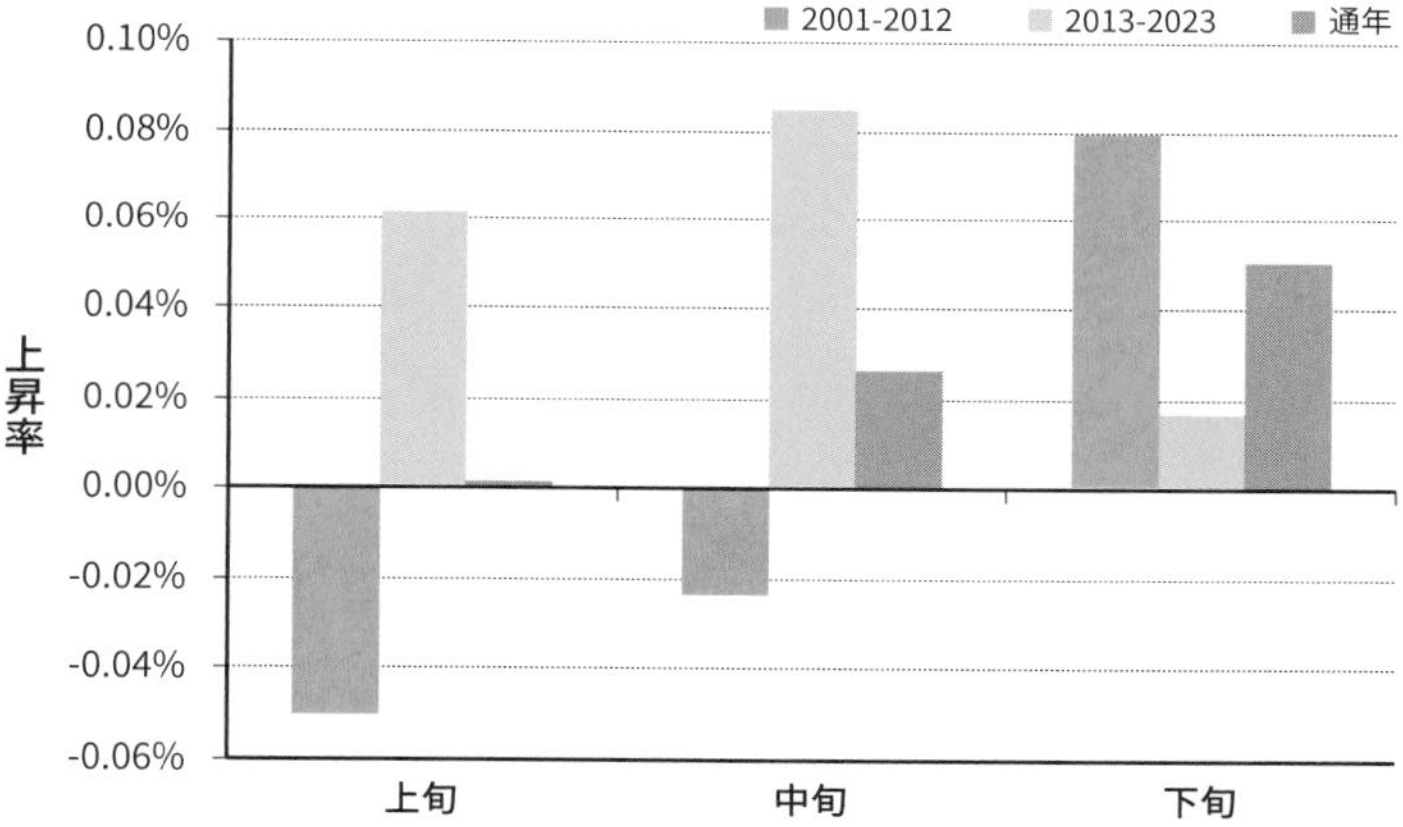

8 「ポニョ」と「ハウル」に要注意？ 金ロー・ジブリと相場の関係

皆さまはジブリの法則というものをご存じでしょうか。

ジブリの法則とは、日本テレビの金曜ロードショーでスタジオジブリの映画が放送されると相場が不安定になり、週明けに円高・株安が引き起こされるアノマリーのことを言います。ジブリの法則は、主に金融業界や投資家の間で語られているアノマリーの一つで、ジブリの呪いと言われることもあります。

ジブリの法則が引き起こされる理由としては、

①株価に影響を与えることが多いアメリカ雇用統計の発表日時[1]が金曜ロードショーの放送時間と重なるため

②金曜日は、株価に影響を与える金融当局の要人や政治家の発言がよく出るため

図10-12　ジブリ翌営業日とそれ以外の日経平均上昇率平均

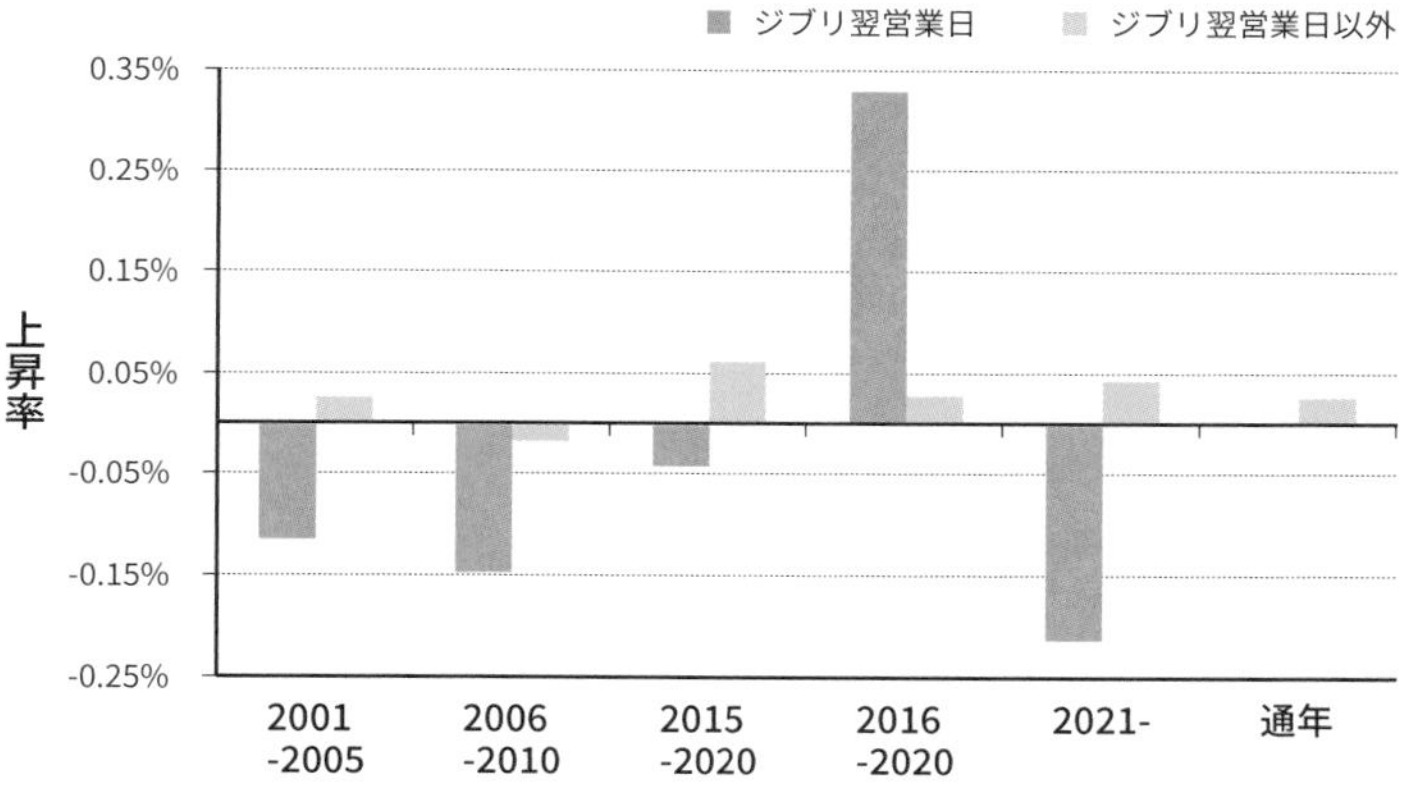

などが考えられます。

実際ジブリの法則というものが存在するのか、2001年～2022年の金曜ロードショーでスタジオジブリの映画が放送された翌営業日（ジブリ翌営業日）の日経平均上昇率平均のデータを用いて検証してみました。なお、2001年～2022年におけるジブリ映画の放映回数は合計150回でした。

図10-12は、2001年から5年ごとの期間におけるジブリ翌営業日とジブリ翌営業日以外の日経平均上昇率平均を表したグラフです。

2016年～2020年はジブリ翌営業日がジブリ翌営業日以外を大きく上回っていま

1）主に毎月第1金曜日の22時30分（サマータイム時は21時30分）。

すが、それ以外の期間においては、一貫してジブリ翌営業日はジブリ翌営業日以外を下回っています。

また、2001年~2022年において、日経平均が1%以上下落した日の割合は、

- ジブリ翌営業日：22・7%
- ジブリ翌営業日以外：18・4%

と、4%強ジブリ翌営業日の方が多いことがわかりました。

ジブリの法則は投資界隈で囁かれているアノマリーの一つであり、明確な根拠に基づき必ず起こるというものではありません。しかし、2001年以降のデータを見ると、ジブリ映画が放映された翌営業日の株価は、それ以外の日よりも下落することが多い傾向にあるようです。

さらに、ジブリ映画のタイトルごとにジブリ翌営業日の日経平均上昇率の平均を調べ、表10-13にまとめました。

ジブリ映画全22タイトルのうち14タイトルについては、ジブリ翌営業日の日経平均は上昇傾

表10-13　タイトルごとのジブリ翌営業日の日経平均上昇率平均

	上昇率平均
おもひでぽろぽろ	-2.02%
ハウルの動く城	-0.86%
崖の上のポニョ	-0.76%
平成狸合戦ぽんぽこ	-0.47%
千と千尋の神隠し	-0.41%
火垂るの墓	-0.30%
ゲド戦記	-0.29%
天空の城ラピュタ	-0.21%
もののけ姫	0.11%
ルパン三世 カリオストロの城	0.12%
かぐや姫の物語	0.14%
風の谷のナウシカ	0.14%
耳をすませば	0.21%
コクリコ坂から	0.23%
魔女の宅急便	0.29%
借りぐらしのアリエッティ	0.37%
となりのトトロ	0.49%
アーヤと魔女	0.55%
紅の豚	0.63%
猫の恩返し	0.82%
風立ちぬ	0.88%
思い出のマーニー	0.95%

向にありました。一方で、「おもひでぽろぽろ」（1991年公開）、「ハウルの動く城」（2004年公開）、「崖の上のポニョ」（2008年公開）が放映された翌営業日の日経平均は、比較的大きく下げる傾向が見られました。

これらアノマリーは、やはり根拠ある説明ができるものではないものの、「おもひでぽろぽろ」、「ハウルの動く城」、「崖の上のポニョ」が金曜ロードショーで放映されるときは、少し気を付けておいた方がよいかもしれません。

コラム 4

ストップ高・ストップ安の配分割り当てルール

皆さまは、ストップ高・ストップ安の張り付きを経験されたことはありますでしょうか。

企業が市場コンセンサス[1]を上回る好決算や有力企業との提携を発表したときなど、市場はそれを好感し、ストップ高で株価が張り付くことがあります。

また、大方の予想を裏切る悪決算を発表したときや粉飾等の不祥事を起こしたときなど、市場はそれを嫌がり、ストップ安で株価が張り付くこともあります。

このように、買い／売り数量の方が売り／買い数量よりはるかに多いときは、売買したい人の一部しかその株を売買することができず、大引け[2]にストップ配分によりその株式を「売買することができる人」が決められます。

それでは、このストップ配分ではどのようにして「売買することができる人」が決定されるのでしょうか。

ストップ配分方式の割り当ては、以下の順番によって行われます。

(1) 証券会社への割り当て
(2) 証券会社から注文を出した人への割り当て

(1) 証券会社への割り当て

例えば、前日発表した超絶好決算により、なのネット株式会社という会社の株式に朝から買い注文が殺到し、ザラ場[3]中もストップ高買い気配のまま、15時の段階で、以下の注文が残っていたとします。

1) 企業業績や経済指標に対する市場予想の平均値のこと。
2) 後場の最後の売買のこと。
3) 寄付(その日の最初の売買)から引けまでの取引時間のこと。

・買い注文：５万株

（うち、Ａ証券からの注文：３万株、Ｂ証券からの注文：１万９９００株、Ｃ証券からの注文：１００株）

・売り注文：６００株

このとき、株式の割り当ては注文数量の多い証券会社から1単位ずつ順番にされていきます。例えば先ほどの事例では、表Ｃ－２のように注文数量の多いＡ証券→Ｂ証券→Ｃ証券の順番で割り当てがされます。

（２）証券会社から注文を出した人への割り当て

証券会社への割り当てが決まれば、次は証券会社から買い注文を出した人に割り当てがされます。この買い注文を出した人への割り当てルールは、証券会社によって異なります。

例えば、ＳＢＩ証券の場合は、成行買いを優先に発注時刻が早い人から1単元ずつ割り当てがされます。ＳＢＩ証券において、４００株が割り当てられるときの順番（①～④）を表Ｃ－

表C-2　証券会社への割当

	A証券	B証券	C証券
買い注文数	30,000株	19,900株	100株
割当（1巡目）	100株	100株	100株
割当（2巡目）	100株	100株	なし
割当（3巡目）	100株	なし	なし
合計割当数	**300株**	**200株**	**100株**

表C-3　買い注文を出した人への割当

	Dさん	Eさん	Fさん
注文形態	成行買い	成行買い	指値買い
買い注文数	**1,000株**	**1,500株**	**200株**
注文時刻	10時	14時	9時
割当（1巡目）	①100株	②100株	③100株
割当（2巡目）	④100株	なし	なし

表C-4　主要証券会社の割当ルール

証券会社名	割当ルール
ＳＢＩ証券	成行注文を優先して、注文時刻の早い人から1単元ずつ配分
楽天証券	成行注文を優先して、注文時刻の早い人から1単元ずつ配分
マネックス証券	成行注文を優先して、注文時刻の早い人から1単元ずつ配分
GMOクリック証券	注文数量順に1単元ずつ配分
松井証券	注文数量順に1単元ずつ配分
SMBC日興証券	注文時刻の早い人から配分（単元ごとの配分ではない） ただし、総合コースの方がオンライントレードよりも 早く開始を受け付ける。

3に示します。まず、成行買いのDさん・Eさんが指値買いのFさんに優先し、成行買いの中でも発注時刻の早いDさんがEさんに優先して割り当てられます。

表C－4にインターネット証券を中心とした代表的な証券会社ごとの分配割り当てルールをまとめました。

ストップ配分では証券会社ごとに1単位ずつ順番に株式の割り当てがされます。そのため、ストップ高配分で割り当てを狙うときは、SBI証券や楽天証券など多くの人が使っている証券会社からではなく、他の人が使っていなさそうなマイナーな証券会社から注文をする、というのは一つの作戦として有効かもしれません。

第11章

株式投資初心者のあなたへ

1 株は財産を守る心強い味方

この本を読んでくださっている方の中には、全くの初心者で、株は大損しそうで怖い、株を買うにしても何から始めればいいかわからない、という方もいらっしゃるかと思います。

ここからはそういった株式投資初心者の方に、株の優位性、株を始めるときまず何をすればよいか、株を始めるに当たってどのようなことに気を付ければよいかなどの話をしていきたいと思います。

株式投資初心者の方の中には、株は何だかよくわからないし、大損したら人生狂わされそうで怖い、と思っている方も多くいらっしゃるかと思います。

しかし、**きちんと勉強し、リスク管理をしっかり行えば、株式投資は怖いものではなく、資産を増やしてくれる心強い味方となります。**例えば、アメリカのデータではありますが、株・国債・ゴールド・現金（ドル）それぞれの長期パフォーマンスを比べると、株が圧倒的に優れ

図11-1　金融商品ごとのリターン

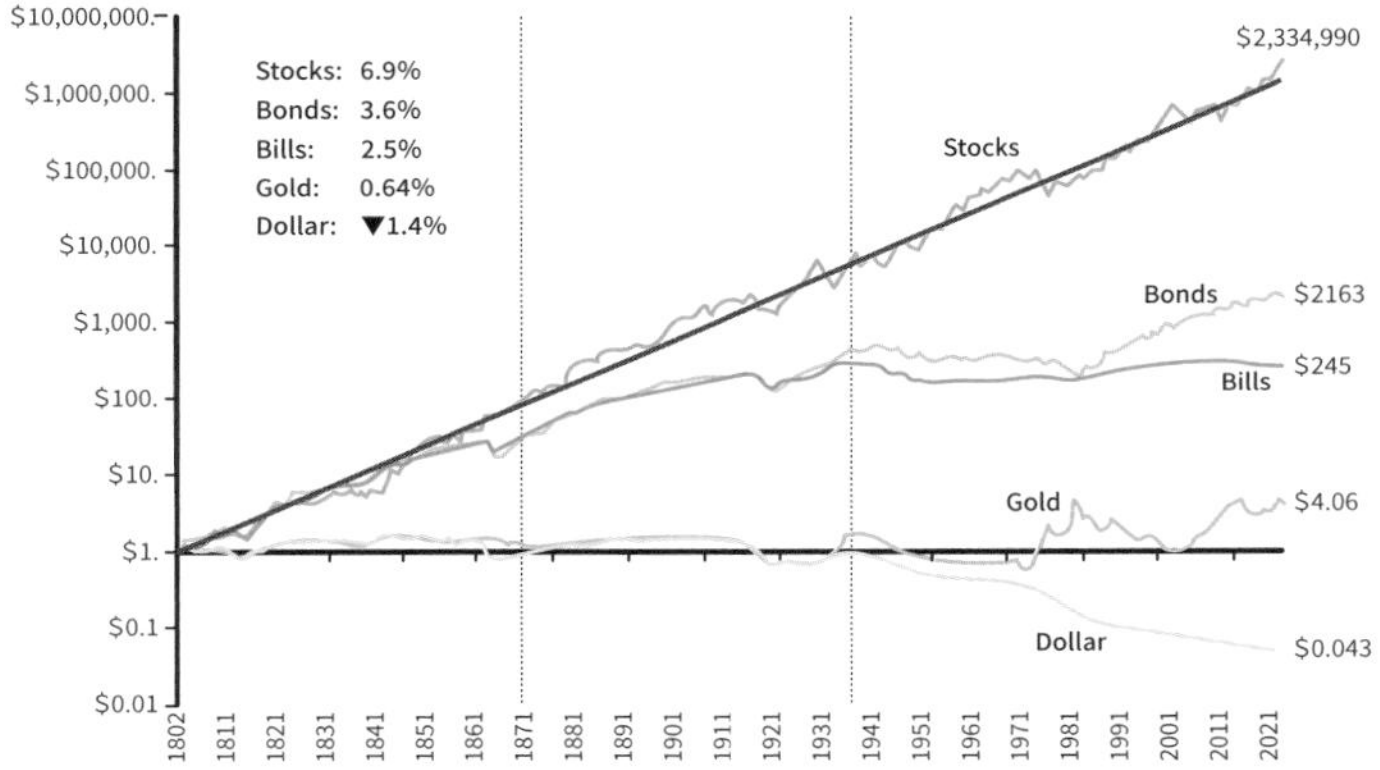

出所:Stocks for the Long Run

ていることがわかっています。

図11-1は、1802年~2021年のアメリカにおける、株・長期国債・短期国債・ゴールド・現金（ドル）のインフレ調整後トータルリターン（配当、利息を含む）の推移を示した対数グラフです（『Stocks for the Long Run』Siegel Jeremy、2014年を2021年版に更新）。

それぞれのリターンは、株式（STOCKS）が年平均6・9％と圧倒的に高く、1802年に1ドル投資をしていたら、2021年には233万4990ドルまで増えることになります。

長期国債（BONDS）や短期国債（BILL

S）のトータルリターンもそれぞれ年平均3・6％、2・5％と悪くはありませんが、株式には及びません。現金（DOLLAR）に至っては年平均▼1・4％と、インフレを考慮していることから、実質的に目減りしてしまっています。

さらに、短期間保有の場合、株式のリスクは債券のリスクを上回りますが、保有期間が15年を超えてくると、株式のリスクは債券のリスクを下回るようになってきます。

これらの結果から、**長期保有前提であれば、現金を含む様々な金融商品の中でも、株式はパフォーマンス、安全性ともに最も優れている**と言うことができます。

株式投資を始めたいという人にこの事実を伝えると、「それは過去のデータですよね？　今後も同じように株が上がり続けるとは限らないですよね？」と聞き返されるときがあります（株式投資を始めたいという人には、とりあえずS＆P500のインデックス投資信託積立をお勧めすることが多く、図11－1のデータをよく伝えています）。

そういったとき私は、「アメリカ株に関しては、みんなが生きる気力を失くすなど、これまでと異なる明らかな傾向が見られない限り、これまでと同じ年平均リターンのペースで株価は上がり続けるでしょう」と答えています。

アメリカ経済は、今日に至るまで様々な変遷を経てきました。

アメリカ独立戦争（1775〜1783年）当時、産業の中心は人力・自給自足型の農業でしたが、南北戦争（1861〜1865年）後は、機械・商業型の農業に移行していきました。

その後、1890年に初めて工業生産高が農業生産高を上回り、それ以降アメリカ工業は急速に成長を遂げていきました。第二次世界大戦後は脱工業化とともにサービス産業が隆盛となり、1990年代末からは情報革命の時代にも入っています。

220年の間、経済状況は大きく変化し、かつ戦争・恐慌・テロなど国家を揺るがす出来事が数多くあったにもかかわらず、株式は安定して年平均約7％のリターンを継続してきました。

アメリカについては、GDP低下、人口減、人々のやる気低下など、これまでと異なる傾向が明らかに見られるというのであれば、株式の年平均リターンも過去実績より低下するかもしれません。しかし、少なくとも現時点においてそのような傾向は見られていません。

また、日本についても、①バブル崩壊後、企業の財務・収益基盤は大きく改善されていること、②近年では株主還元強化の流れもあることなどから、アメリカ株の影響は受けつつも、今後株価は堅調に推移していくことが予想されます。

きちんと株式の仕組みを理解し、しっかりリスク管理を行えば、株式投資は決して資産が全部無くなってしまうような怖いものではありません。むしろ、今後はインフレにより現金価値の実質的な低下が予想されることから、現金・預金を保有することのデメリットも意識していく必要があります。

資産防衛の観点からも資産ポートフォリオに株式を組み入れるという選択は賢明なものであると言えます。

2 初心者が株式投資を始めるには

（1）証券口座の開設

私もよく知り合いから「株式投資を始めたいけど、どうすればいい？」と聞かれることがあります。これに対して私は「まず、証券口座を開いてください。それから入金して、何でもいいので株を買ってください」と答えています。

何かノウハウを得た後の人の行動パターンは、以下3つの類型に分けられると言います。

①実際に行動する人：25％
②さらにそれを継続する人：5％
③何もしない人：70％

実際、私が先ほどの回答をしてから証券口座を開設する人は半分くらい、証券口座を開設してから何か株を買う人は証券口座を開設した人の半分くらい（ここまでで全体の25％程度）、それから株式投資を続けている人は5人に1人いるかいないかくらいのイメージであり、株を始める人も先ほどの行動法則に従っているように思います。**投資により自分の資産を守っていかないといけないと心でわかっていても、なかなか動けない人が大半**かと思います。

投資に多少の興味があるのであれば、何かしら行動すること、ここではまず証券口座を開設することが非常に重要です。株は難しそうだし……とか、損失が出るかもしれないし……とかは、後で考えればよいことです（多少株で損失が出たとしても、それは勉強代と考えてください）。

第16代ローマ皇帝であったマルクス・アウレーリウスは「自省録」において、以下の言葉を残しています。

「思い起せ、君はどれほど前からこれらのことを延期しているか、またいくたび神々から機会を与えて頂いておきながらこれを利用しなかったか。しかし今こそ自覚しなくてはならない、

（略）君には一定の時の制限が加えられており、その時を用いて心に光明をとり入れないなら、時は過ぎ去り、君も過ぎ去り、機会は二度と再び君のものとならないであろうことを。」

そのうち時間ができたら検討しようと考えるのではなく、まずは証券口座を開設するよう動いてください。そして、手始めに30万円くらいを入金してみてください。

（2）株の購入

証券口座を開設して入金した後、どのような株を買うのがいいのでしょうか。

マネー誌でお勧めされていた株、日経新聞の記事に取り上げられていた会社の株、X（旧Twitter）で話題の株、一番初めに買う株はどのような銘柄でもよいのですが、自分が身近に感じる会社の株を買うことを私はお勧めします。

『ピーター・リンチの株で勝つ』（ピーター・リンチ、ジョン・ロスチャイルド、ダイヤモンド社、２００１年３月）も、「自分の働いている業界の変化や、消費者としての情報を意識的に利用すれば、10倍になる株を見つけられるだろう」と、自分がよく知っている業界、よく利用しているサービスを行っている会社から投資先を探すことを推奨しています。

もし、現金値引きやアフターサービスの良さからケーズデンキで家電を買うことが多いならケーズホールディングス（8282）を、かつやでよく食事してコストパフォーマンスの高さに魅力を感じているならアークランズ（9842）を、「ぷよぷよ」を初代無印のメガドライブ版から最新作[1]までプレイしていて、今でも目を瞑ればぷよぷよが降ってくるというのであればセガサミーホールディングス（6460）を買ってみてもいいでしょう。

そして、**毎日株価が上下すること、色々な経済ニュースが駆け巡っていて、それぞれ有機的につながっていることなどを肌で感じてみてください。**

はじめは1日5分程度の株価チェックで構いません。少しでも株が面白いなと感じることができたのであれば、少しずつ調べる業界や会社の範囲を広げながら次の投資候補先を探していくとよいでしょう。

（3）投資知識の取得

「知識への投資は、最高の利益をもたらす」（ベンジャミン・フランクリン）

ある程度投資に慣れてきたら、投資に関する知識をもう少し詳しく得ていきましょう。**幅広い知識を効率的に取得するためには、本を読むことが一番お勧めではありますが、本を読むことが苦手な人は、動画を見るなどでも構いません。**

投資の世界においては、基礎となる知識や正確な分析能力を身につけていないと、はじめのうちは勝てたとしても長期的に勝ち続けることは難しくなってきます。単に、X（旧Twitter）上で有名アカウントが推奨していたから買う、というのではなく、ある程度分析・調査をした上で、自分なりの仮説・ストーリーを立てて買うことが必要となってきます[2]。

株式市場で相手をする人は、例えば高学歴かつ海外でMBAも取得したという超エリートであったり、市場の機微を目聡く察知して年間数億円儲けている専業投資家であったり、直接顔は見えないもののかなりの強者が揃っています。

株式投資は、ふらっとお店に行って何も考えずに台を回していたらいつの間にか大当たりを引くことができるパチンコなどのギャンブルとは異なります。株式投資で安定して収益を稼ぎたいのであれば、投資の勉強と銘柄の分析をきちんと、継続して行う必要があります。

1）2023年8月時点では「ぷよぷよテトリス2」。

2）例えば、「現状時価総額50億円程度であるが、市場規模が伸びているDX業界で独自のポジションを築いており、3年以内に時価総額200億円は可能と考える。時価総額200億円まで到達すれば株を売る」など。

私も何回か個人投資家の勉強会に参加しましたが、みな熱心に、そして楽しそうに株と向き合い、銘柄分析などを行っていました。

もし、そこまで熱心に投資の勉強や個別銘柄の分析ができないな……というのでしたら、アメリカS&P500などのインデックス投資を中心とするのもいいでしょう。

(4) 会社四季報を読む

投資候補先が見つかったときは、第4章でお話ししたように、株を買う前に会社四季報で会社の事業内容・特色・業績等について確認するクセを付けておくことをお勧めします。

ある程度慣れてくると、会社四季報に書かれた情報をぱっと見ただけで、さらに調べる必要があるかなど簡単な投資スクリーニングをかけることができるようになります。

会社四季報は、上級者も必ずと言っていいほど活用している投資家必須のアイテムであり、初心者のうちからそれを読むことに慣れておくとよいでしょう。

（5）一次情報に当たる

銘柄を調べる際、一次情報からデータ等を取得することは非常に重要です。

ここで一次情報とは、企業が発表する投資家向け説明資料、決算短信、有価証券報告書、中期経営計画、ニュースリリースなど、その企業から直接得ることができる情報全般を指します[3]。

X（旧Twitter）などインターネットに落ちている情報の中には、微妙に間違っているものや、書いた人の売買ポジションに従って主観的に書かれたもの（いわゆるポジショントーク）も多く含まれています。

もちろん企業が誤った情報を提供していることや、一次情報に企業の主観・願望が多く含まれていることもあります。しかし、

①掲載時点において、正確性や信頼性は比較的高いと言える

3）投資家向け説明資料などは、企業の考え・意向も入っていることから一次情報ではないと考えることもできますが、ここでは企業が発する情報という点から一次情報として扱います。

②企業が発表した直後に取得することができ、市場が十分に織り込む前に対応することも可能となる
③行間を読むことにより、明示されていない企業の隠れた意図を汲むことができる[4]

ことなどから、投資を検討する際に一次情報に当たることは必須であると言えます。

銘柄を知るきっかけや株式を売買するヒントとして、X（旧Twitter）を始めとしたインターネット上の情報を参考にするのはもちろん有効ではありますが、それら情報をうまく活用するためにも、必ず一次情報を取得し、正確性を確認した上で分析などを行うようにしましょう。

（5）簿記3級の取得

いくつかの銘柄を買い、投資四季報の読み方にも慣れてきて、投資初心者から次のステージに進みたいという方には、日商簿記3級の取得をお勧めします。

投資分析力を向上させるためには、財務関係の用語に慣れ、貸借対照表を中心とした財務諸表[5]への理解を深めることが必要となってきます。

売上や利益などが記載された損益計算書は、ある程度直感的に理解することが可能です。こ

れに加えて、資産・負債・資本などが記載された貸借対照表の理解を深めることができれば、より詳細かつ多面的視点から企業分析を行うことができるようになるでしょう。

例えば、コールセンター運営のベルシステム24ホールディングス（6183）は、2023年2月期時点で、売上や利益は毎年着実に伸びており、損益計算書を確認する上で、事業上の問題は特にないように見えます。

しかし、同社の貸借対照表を確認すると、資本合計の1・46倍の額がのれんとして計上されていることがわかります。これは、仮にのれんの価値をゼロで評価しなければならなくなったとき、債務超過[6]に陥ってしまう可能性があることを示しています。

このように貸借対照表への理解が深まれば、売上・利益だけでは見えてこない企業の財務状況や経営の健全性も見えてくるようになります。

「資本金」「売掛金」「減価償却費」がそれぞれ何を示すものか理解できるようになり、貸借対

4）例えば、決算説明資料において「A事業は急成長している」と書かれていたとしても、A事業の売上数値が具体的に記載されていなければ（＝会社が具体的な数値を出したくないと考えているならば）、会社全体の売上に対するA事業の売上はごく僅かであり、現時点では会社の業績に与える影響はほとんどない可能性も考えられます。

5）「貸借対照表」「損益計算書」「キャッシュ・フロー計算書」など、上場企業が作成しなければならない書類のこと。

6）会社の負債総額が資産の総額を超えている財務状況のこと。債務超過に陥ると会社の信用は大きく毀損します。

照表の左側は「資産の部」が表示され、右側は「負債の部」と「資本（純資産）の部」が表示されることをイメージできるようになれば、投資家として1つレベルが上がったと言えるでしょう。

もちろん「財務関係の用語に慣れ、貸借対照表を中心とした財務諸表への理解を深める」ために日商簿記3級を取得することは必須ではありません。しかし、資格取得の勉強は、

①覚えた方がよい重要ポイントを体系的に学ぶことができること
②どこまで知識を得ればよいか目標（合格点）が明確なこと
③問題を解くことにより理解がより深まること

などから単に本を読むより効果的に知識を得ることができると言えます。

私もある程度投資にも慣れ次のステップに進みたいという方には、日商簿記3級を取得してはどうかとの提案をよくしています（ちなみに私は日商簿記2級まで取得していますが、簿記2級は工業簿記など投資と関係の薄い事項も多く含まれ、投資対効果の観点からは簿記3級まで取得できれば十分かと考えます）。

おわりに

２０１２年から２０２１年までの10年間、国内消費者物価指数の上昇率は、平均０・５％程度と低調な数値で推移していました。しかし、２０２３年９月時点において、２０２２年２月のロシアによるウクライナ侵攻や円安を契機とした資源・食料価格の上昇などを要因として、消費者物価指数の上昇率は、２０２２年８月以降、毎月３％を超えて推移しています（「２０２０年基準　消費者物価指数　全国　２０２３年（令和５年）８月分」総務省統計局）。

長年、日本はデフレ[1]に慣れてきましたが、今後はインフレ[2]が進んでいくかもしれないとの予測も増えてきています。

このようなインフレ進行時において注意が必要なのは、同じ金額でも買えるモノの量や価値はだんだんと少なくなっていくということです。

例えば、物価上昇率が年３・５％である場合、２０２４年に１００万円で買えるものは、10年後の２０３３年には１４１万円出さないと買うことはできません。このことは同時に、

1）デフレーションの略。モノやサービスの価格が継続して下落すること。

2）インフレーションの略。モノやサービスの価格が継続して上昇すること。

2033年には100万円を出したとしても、2024年時点で約73万円の価値のモノしか買えないということも意味しています。

インフレの進行により、持っている現金や銀行に預けているお金の価値は毎月少しずつ、それも目に見えて減るのではなく、真綿で首を締められるかのようにじわじわと減っていくのです。デフレ下では、「貯金によって資産を守る」ことは有効であったかもしれませんが、インフレ下では「貯金をしているだけでは、資産は次第に目減りしていく」ということを意識していかなければなりません。

それでは、今後自分の資産を守っていくにはどうすればよいのでしょうか。その一つの有力な方法として、株式に対する投資が挙げられます。インフレ下において少しずつ価値が減少していく現金に対して、株式はインフレに強い資産と言われています。インフレによって物価が上昇すると、企業の収益は伸びる傾向にあるためです。

「攻撃は最大の防御」とよく言いますが、座して死を待つかのように何もせず資産を少しずつ減らしていくよりも、リスクを十分に管理しながら、積極的に株式投資を行うことで、自らの資産を守っていくことが今後必要となってくるのです。

ここまで、高配当株を中心とした株式投資について話をしてきました。この本でお話しした内容が、少しでも皆さまの役に立つのであれば、非常に嬉しく思います。成功は決して一晩で生まれるものではありません。着実な努力と持続的な学習が必要となってきます。

①投資について学ぶこと
②自己の信念を持つこと
③マーケットの声に耳を傾けること

これらを続けていれば、自ずと誰しもが成功に近づくことができるようになることでしょう。

「人生は恐れなければ、とても素晴らしいものだ。人生に必要なもの。それは勇気と想像力、そして少しのお金」(チャーリー・チャップリン)

本書をお読みいただいた皆さま全員に希望の未来、そして最大の幸福が訪れることをお祈りいたします、ですの。

なのなの

なのなの
投資歴20年以上の兼業投資家。基本スタイルは日本の高配当株やアメリカのインデックスを中心とした分散投資。関西の大学院を修了後、新卒でプライベートエクイティ投資の会社に入社。約９年働いた後、メーカーに転職して現在に至る。大学１年生から株式投資を開始。当初６年間は赤字であったが、投資対象を高配当株メインとしてからは成績が安定するようになる。2008年以降は15年連続で黒字。ここ10年の年資産増加率平均は約19％。2021年3月に1億円達成。2023年10月時点の保有資産は1億4300万円、X（旧Twitter）フォロワー数は3万8000人超。

月《つき》41万円《まんえん》の“不労所得《ふろうしょとく》”をもらう億《おく》リーマンが教《おし》える

「爆配当《ばくはいとう》」株投資《かぶとうし》

2023年12月26日　初版発行
2024年３月15日　３版発行

著者／なのなの

発行者／山下　直久

発行／株式会社KADOKAWA
〒102-8177　東京都千代田区富士見2-13-3
電話　0570-002-301（ナビダイヤル）

印刷所／大日本印刷株式会社

製本所／大日本印刷株式会社

●お問い合わせ
https://www.kadokawa.co.jp/（「お問い合わせ」へお進みください）
※内容によっては、お答えできない場合があります。
※サポートは日本国内のみとさせていただきます。
※Japanese text only

定価はカバーに表示してあります。

ISBN 978-4-04-606526-1　C0033

お金、成功、ご縁！
すべてが用意されている
ゼロポイントフィールドにつながる生き方
量子力学で夢をかなえる！

第１刷　2021年９月30日
第７刷　2024年７月25日

著者　村松大輔
発行者　小宮英行
発行所　株式会社徳間書店
〒141-8202
東京都品川区上大崎3-1-1　目黒セントラルスクエア
電話　(編集)03-5403-4350／(営業)049-293-5521
振替　00140-0-44392

印刷・製本　大日本印刷株式会社

ISBN978-4-19-865289-0